名画で読み解く

ブルボン王朝 12の物語

中野京子

光文社新書

はじめに

ブルボン家はハプスブルク家と並ぶヨーロッパ名門中の名門だが、王朝——アンリ四世にはじまり、ルイ十三世、十四世、十五世、十六世、十八世、シャルル十世の七代——としてフランスに君臨したのは、十六世紀後半から（一時中断を経て）十九世紀初めまでの、およそ二五〇年。ハプスブルク家が六五〇年近い命脈を保ったのに比べると、いかにも寸足らずに感じられる。

アメーバのごとく増殖したハプスブルク家が、最後は大伽藍《だいがらん》がゆっくり崩れ落ちるように朦々《もうもう》たる煙の中に没していったとするならば、ブルボンの終わりはギロチンの刃の落下と同じ、すばやくあっけないものだった（その後の短い復古期間は、なくもがなの小さなアンコール曲にすぎない）。

だがこのブルボン家、とりわけ太陽王ルイ十四世の治世がヨーロッパに及ぼした影響たるや、まさに太陽そのもののごとく圧倒的だった。

富と権力を掌握《しょうあく》した絶対君主がどう振る舞うべきか、宮廷生活はどれほどに豪華絢爛《けんらん》でなければならないかの、範《はん》がここに示されたのだ。以来、各国の王侯貴族は競ってヴェルサイユ宮廷を模倣《もほう》し、自国の言葉を棄《す》ててフランス語で会話し手紙を綴《つづ》り、フランス文化摂取にやっきとなった。

プロイセンのフリードリヒ大王やオーストリアのマリア・テレジアまでが、日常的にフランス語で読み書きしたし、二百年後にもなおまだバイエルンのルートヴィヒ二世によって、ヴェルサイユを模した城造りが続けられた。そして現在に至るも、王らしい王のイメージといえば、ルイ太陽王の、雲突くばかりの羽根飾り帽を被《かぶ》り、ヒールの高い真っ赤なリボン付きの靴を履いた雄姿である。

強大かつ華麗な絶対王政の成立と破綻——そのドラマが面白くないわけがなく、また夥《おびただ》しい登場人物たちは当然ながらハプスブルク家とも緊密にからみあうため、拙著『ハプスブルク家12の物語』でちらりと顔を見せただけの脇役がここでは主役を張るし、逆に以前の堂々たる主演者が仇役《かたきやく》として再登場する。

歴史（ドイツ語では「歴史」と「物語」は同じ単語ゲシヒテ Geschichte）の醍醐味を、名画にからめて味わっていただけますよう。

目次

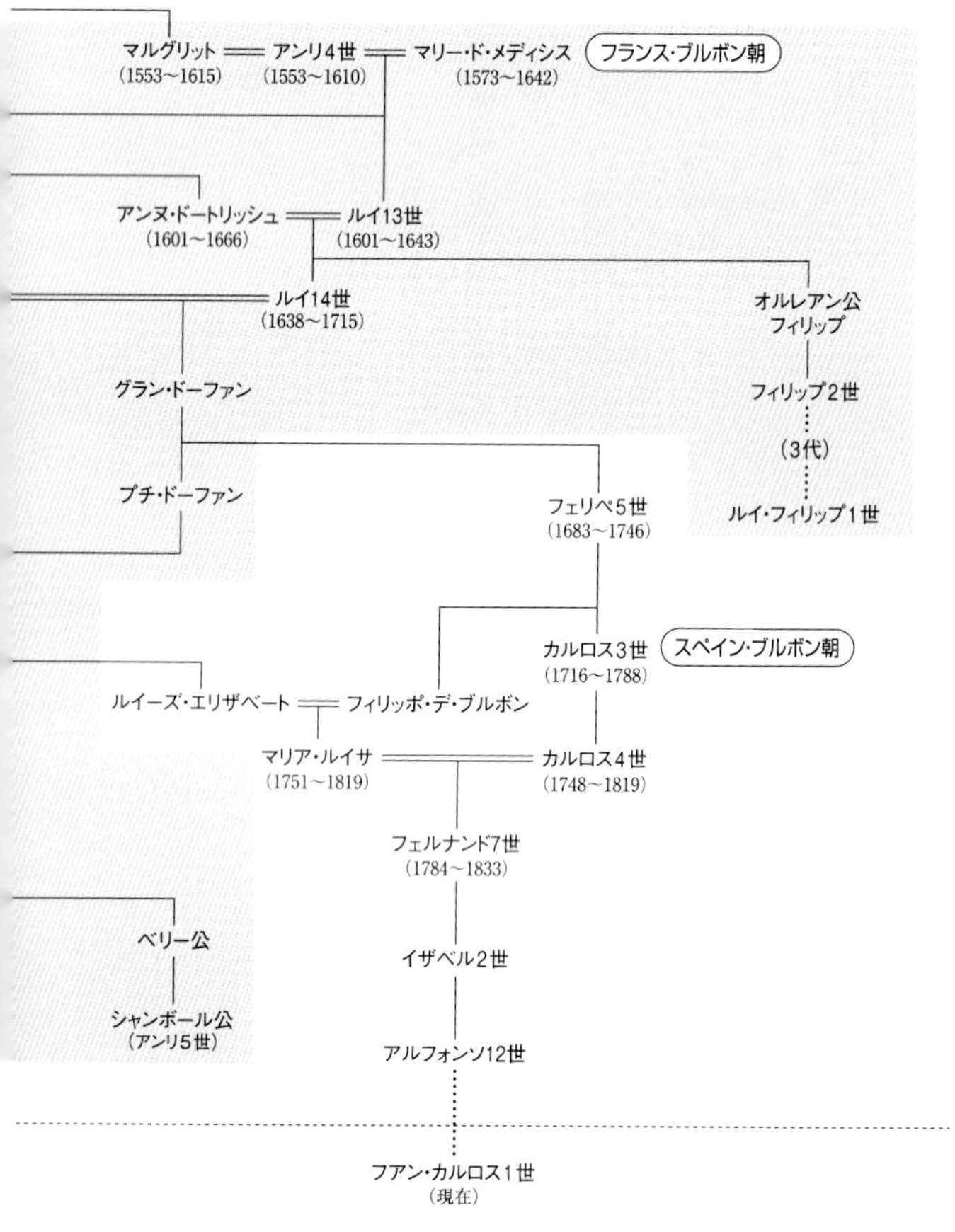

マルグリット
(1553～1615)
アンリ4世
(1553～1610)
マリー・ド・メディシス
(1573～1642)
フランス・ブルボン朝
アンヌ・ドートリッシュ
(1601～1666)
ルイ13世
(1601～1643)
ルイ14世
(1638～1715)
オルレアン公
フィリップ
グラン・ドーファン
フィリップ2世
(3代)
プチ・ドーファン
フェリペ5世
(1683～1746)
ルイ・フィリップ1世
カルロス3世
(1716～1788)
スペイン・ブルボン朝
ルイーズ・エリザベート
フィリッポ・デ・ブルボン
マリア・ルイサ
(1751～1819)
カルロス4世
(1748～1819)
フェルナンド7世
(1784～1833)
ベリー公
イザベル2世
シャンボール公
(アンリ5世)
アルフォンソ12世
フアン・カルロス1世
(現在)

ブルボン家系図(抄)

(注) ［網掛け］→フランス・ブルボン家
本書の記述に関連する人物のみ収録しており、特に詳しく取り上げる人物には生没年を付した。

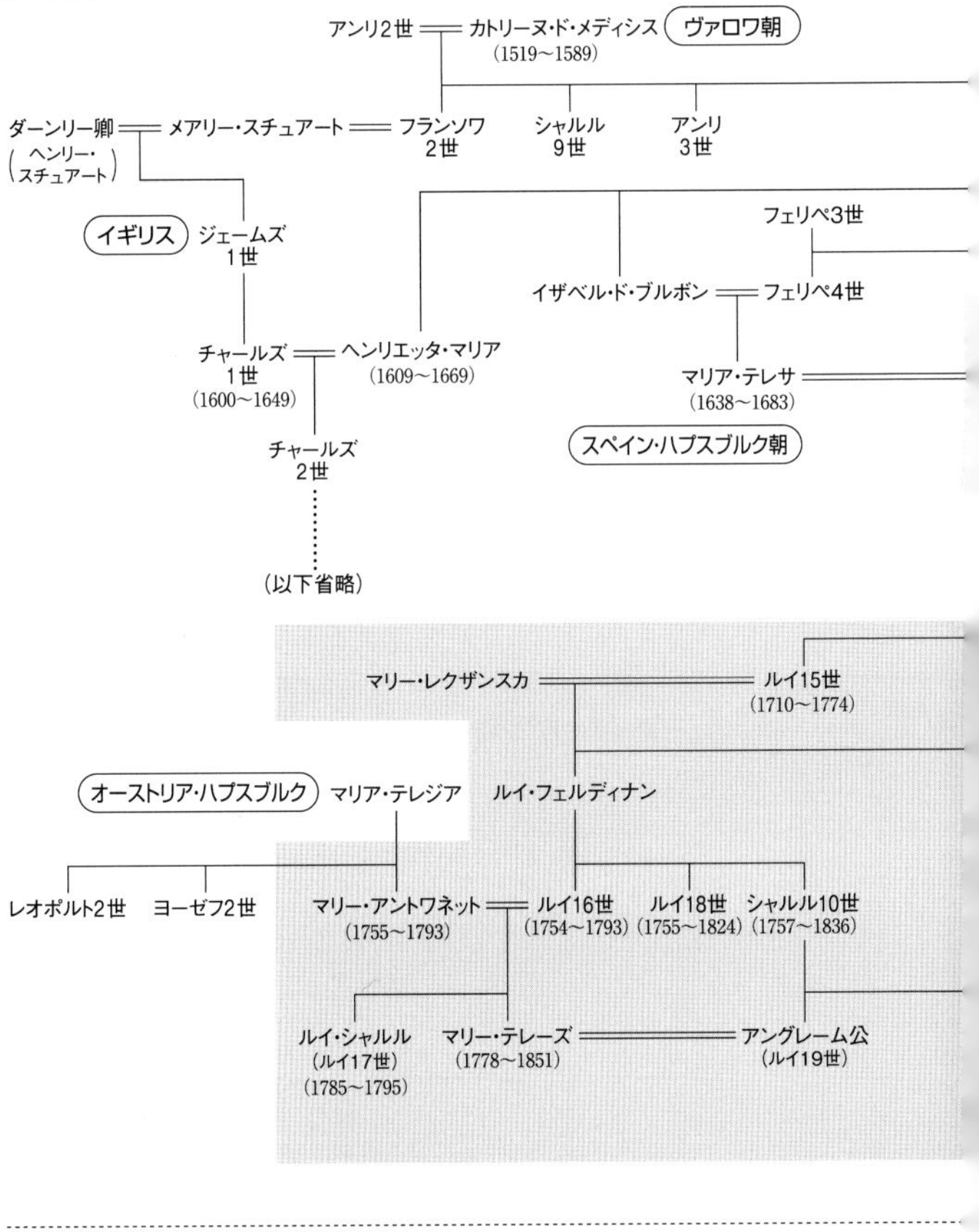

前史

ヴェルサイユ宮殿の門柱に輝くブルボン家の紋章

「悪女」カトリーヌ・ド・メディシス

一五五九年、ヴァロワ朝のアンリ二世が馬上槍試合中の事故で――ノストラダムスの予言どおり――片目を刺し貫かれ、命を落とすと、長年軽んじられ続けてきた惨《みじ》めな妻にして名ばかりの王妃カトリーヌ・ド・メディシスが、満を持したとばかり、四十歳にして政治の表舞台へ躍り出る。

この先三十年にわたる彼女の舵取《かじと》りについて、「女として報われなかったため政治ゲームに慰めを求めた」という解釈もされるが、一面的見方にすぎよう。

確かにカトリーヌが真っ先にやったことは、王の愛妾《あいしょう》ディアーヌ・ド・ポワチエを追放し、プレゼント品（城、宝石、冠位）を没収することだったが、そんな仕返しはどの王妃もやる瑣末事《さまつごと》にすぎない。フィレンツェの富豪メディチ家出身のこの烈女は、マキャベリの『君主論』も読んでいたし、生まれながら権謀術数《けんぼうじゅっすう》に長《た》けていた。女としての幸せ追求より、政治闘争の方がはるかに性に合っていたからこそ、王権の確立、王朝の維持に、精魂《せいこん》傾け得たのである。

幸いにも彼女は多産だった。息子が四人もいて健在。この時点では、自らの血を分けたヴァロワ王朝が断絶するなど想像しにくい。にもかかわらず、何かしら暗い予感に捉《とら》われたのだろうか、カトリーヌは息子たちの未来を占い師にみてもらう。すると託宣は――全員が玉座につくであろう。

悩ましい予言だ。良い方へ解釈するなら、息子たちで各国の王位を独占、ハプスブルク家のような領土拡大が見込まれ、たいへん目出度《めでた》い。だが悪く解釈すれば、長男が跡継ぎを作る前に次男、次男が跡継ぎを作る前に三男と、次々死に、同じ王冠をただ順ぐりに手渡してゆくだけの不毛の事態とも考えられる。マクベスが魔女たちから聞かされた「バーナムの森が動かない限りは安泰」という、まやかしの約束に似ている。

――現実はどうなったか？

カトリーヌ・ド・メディシス

ひとつは外れた。つまり四男だけは、王位を得る前に病死した。他は当たった、それも悪い方へ。三人ともフランス王となり、三人とも相次いで死んでゆく……。

世継ぎの混乱と虐殺事件

まず十五歳の長男が、フランソワ二世として跡を継いだ。父王が血まみれで落馬するのを見て失神したと言われる彼は、兄弟の中でもっとも心身虚弱だったので、周囲は一つ年上の新王妃メアリー・スチュアートの早期懐妊に期待した。

間に合わなかった。フランソワ二世は皆の予想よりずっと早く、在位わずか一年で病没。子を生《な》せなかったメアリー・スチュアートは、泣く泣く故郷スコットランドへ戻る（もし産んでいれば、後年エリザベス一世によって幽閉・斬首《ざんしゅ》される悲劇は起こらなかったろう）。

次いで十歳のシャルル九世が戴冠《たいかん》したが、引き続きカトリーヌが摂政《せっしょう》として全権を握り、それは在位十三年の間、ほとんど変わらなかった。若い新王が母親の言いなりになったのも止《や》むを得ない。このころからフランスは、最悪の宗教内乱へ突入したからだ。

波状的とはいえ延々と続いたカトリック対プロテスタントの、血で血を洗う「ユグノー戦争」である。国内の領主たちがそれぞれの宗派を掲げ、反対派と衝突をくりかえして国土を荒らす悲惨。

カトリーヌ・ド・メディシスの名前に「悪女」だの「毒婦」だのが冠されるのは、このユグノー戦争後半に起きた「聖バルテルミーの虐殺」、これの張本人と目されるせいだ。もしほんとうに彼女ひとりで虐殺の設計図を引いたのだとしたら、まさしく悪魔的企《たくら》み以外の

聖バルテルミーの虐殺

何ものでもないだろう（カトリックの守護者を任じるスペインのフェリペ二世黒幕説も根強い）。

カトリーヌはユグノー（カルヴァン派プロテスタント）の首領たる、ブルボン家のアンリ（後のアンリ四世）を懐柔《かいじゅう》する必要から、自分の娘マルグリットを花嫁に差し出した。いがみあう両宗派の和解を示す結婚式がパリで催され、各地からおおぜいのプロテスタントたちも集まってくる。

その祝宴期間中の聖バルテルミーの祝日に、一発の銃声が引き金となって、長年の憎悪が噴き出した。群衆はプロテスタントたちに襲いかかり、ヒステリックな無差別殺戮《さつりく》による犠牲者の数、三千、セーヌ川は真っ赤に流れたと言われている。

この地獄図をルーヴル宮のバルコニーから、異様な興奮のうちに眺めていたというシャルル九世は、

アンリ三世

二年後――後悔に苛《さいな》まれて体調を崩したとの説あり――結核で死去。子どもがいなかったので、王冠は次の弟へ渡った。

カトリーヌが誰より溺愛《できあい》した息子、二十四歳のアンリ三世だ。

「三アンリの戦い」からヴァロワ朝の最期へ

ところが彼には大きな問題があった。女性に関心がない。もちろん政略結婚による妻はいたが、放りっぱなしのため、母親は多くの美女を宮廷に集め、世継ぎを作ってもらおうと無駄な努力を重ねる。諦《あきら》めるわけにはゆかなかった。なぜなら占いがはずれて、四人目の息子アンジュー公フランソワ（イギリスへ渡り、エリザベス一世に求婚したことで知られる）が病死してしまったからだ。四人もいた息子が、今やたったひとり……。

『ギーズ公の暗殺』（ドラローシュ画、1834年）

アンリ三世在位十五年目、王権をエネルギッシュに支えてきたカトリーヌは、七十歳を目前に病に倒れる。宗教内乱はいまなお続いており、それは次第に「三アンリの戦い」と呼ばれる王権争いの様相を呈《てい》していた。アンリという同じ名の三人――アンリ三世、名門貴族ギーズ家のアンリ、ブルボン家のアンリ――の、命をかけた熾《し》烈《れつ》な戦いだ。最初、三世とギーズのアンリは同じカトリックなので、結託してブルボンのアンリを圧倒した。やがて実戦で勝利をもたらしたギーズのアンリに国民の人気が集中し、本人も王冠への野望を隠さなかったから、怒った三世は独断で彼を暗殺させてしまう。

死の床のカトリーヌは、彼の暴挙をどんな思いで聞いただろう。ヴァロワ王朝終焉《しゅうえん》は半ば覚悟していたと思われるが、ともあれ最愛の息子の死を見ずにすむのを神に感謝したのではないか。

アンリ四世（ポルビュス画）

母の死後わずか七ヵ月目、アンリ三世のもとへ若いドミニコ会修道士が謁見《えっけん》を願い出た。重大な話を持ってきたということで人払いがなされ、修道士は懐《ふところ》から親書を取り出す。
いや、それは親書ではなく、血まみれの死をもたらす短剣だった。こうしてヴァロワ朝は止《とど》めを刺された。

改宗がもたらした平和

最後のアンリ、ブルボン家のアンリが漁夫の利を得た――結果的にはそういうことになろう。しかし戴冠までの道のりが平坦だったわけではない。

ブルボン王朝は、この初代アンリ四世によって一五八九年に拓《ひら》かれたことに一応はなっている。彼が王位宣言したからだ。だが実際のところ、アンリ四世をフランス国王と認めたのは、国民のわずか五分の一足らずのプロテスタントたちにすぎない。王のはずなのに、彼はパリ入城さえできない状態だった。おまけにカトリック側がアンリの叔父を新王として担ぎ出したため、一時期ふたりの王が並存する始末。アンリは武力によって、虱潰《しらみつぶ》しにカトリック領主たちを制圧してゆかねばならなかった。

ようやく国内がどうにか収まっても、今度は黒ずくめのフェリペ二世という強敵がいる。カトリックの牙城《がじょう》スペインは今や超大国「日の沈まぬ国」となっており、フェリペは自分の使命をプロテスタントの息の根を止めることと心得ていた。隣国フランスにプロテスタントの王が誕生するなど許せるかとばかり、長い触手を伸ばしてくる。自分の三度目の妻（すでに死去）がカトリーヌ・ド・メディシスの娘だったことを楯に、ヴァロワの血を引く我が娘をフランス女王にと、ごり押ししてきたのだ（もしこれが通っていたら、フランスもまたスペイン・ハプスブルク家の領土になっていただろう）。

スペイン王フェリペ二世（コエリョ画、1570年より後）

イギリスなどの援軍を得てこれを撃退したアンリは、とうとう国内平定のためには改宗するより他はないと悟る。彼はカトリック宣言をし、不満を唱える大貴族は金で買収した（戦争するより安くついた)。歴代の王たちのうち、アンリ四世の人気が高いのは、「ナントの王令」を発して信仰の自由を認め、それによって長い宗教戦争を終わらせた政治決断力が一因である。

一五九四年、四十歳のアンリ四世はついにカトリックとして戴冠、歓呼の声に包まれてパリへ入った。この年こそ、ブルボン王朝の真の始まりといえよう。

ブルボン家は古いカペー王朝の傍流にあたり、ブルボンの名称はブルボン・ラルシャンボーという町の名に由来する。ブルボン家五代目のルイ十六世は、王位を剝奪《はくだつ》され「ムッシュ・カペー」と呼ばれた(彼の死後マリー・アントワネットは「未亡人カペー」)。多分に軽蔑が込められていたのは、カペー王朝の始祖が、いわゆる「どこの馬の骨かわからない」ところからきている(そういう意味で言えばハプスブルク家も同じ)。

宙返りと色事

さて、アンリ四世だが、血筋に問題はない。父親はブルボン家当主で、ヴァロワ王家の筆頭親王だった。父亡き後はアンリにその権利ができた、つまりヴァロワ家に世継ぎがない場合、彼が王位を継げるわけだ。母親はナヴァール王の娘。プロテスタントだったので、アンリもその影響を受け、次第にユグノー派の中心人物へ祭りあげられてゆく。

しかし先述したごとく、アンリはカトリーヌ・ド・メディシスの娘マルグリットと結婚し、聖バルテルミーの虐殺事件後はカトリックへの改宗を強制され、宮廷に四年ほど軟禁されてしまう。その後、脱出してまたプロテスタントにもどり、「三アンリの戦い」で奮戦したわけだが、王座についてから再度カトリックに改宗。おかげで「宙返りのアンリ」などと言われているが、まあ、止むを得まい。

あだ名はもうひとつあり、「色事師」。なにせ艶聞《えんぶん》には事欠かず、それが国民的人気のもうひとつの理由だから、フランス人というのは面白い。我らが王は男らしく、女性にもててほしいのらしい。

アンリはひっきりなしに戦争だの政治的駆け引きをしていたにもかかわらず、次々恋人を（一説には延《の》べ五十人も！）作っていた。王妃とは完全な仮面夫婦で、お互い相手に何の関心も持てなかった。マルグリットはギーズ家のアンリを愛していたのに、政略結婚させられて不満だったし、アンリはそもそも姑《しゅうとめ》カトリーヌ・ド・メディシスを嫌っていたため（アンリの母はカトリーヌに毒殺されたとの噂があった）、その娘を受け入れる気にはどうしてもなれなかったのかもしれない。

夫婦は長年別居生活で、当然ながら子はできない。マルグリット（後年デュマが『王妃マ

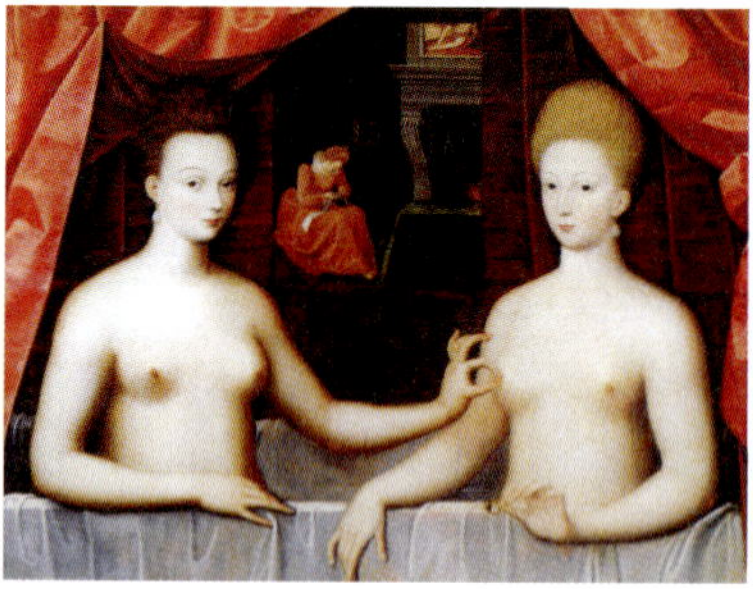
『ガブリエル・デストレとその妹』（右がガブリエル、フォンテーヌブロー派の逸名画家、1600年前後）

ルゴ』として小説化）は、夫に負けない数の恋人を作って遊びまくっていた。王位についたアンリは世継ぎ問題を解決するため、すでに自分の子を三人も産んでいた愛妾ガブリエル・デストレを王妃にすべくマルゴに離婚を提案した。しかし彼女は拒否。そうこうするうち、ガブリエルが突然死する。

この謎の死は名画『ガブリエル・デストレとその妹』にも絡んだ西洋史のミステリのひとつで、誰が犯人であっても——容疑者リストにはマルゴ、廷臣、メディチ家、アンリ自身さえ挙げられている——おかしくはない。

ガブリエルの死後、マルゴは高額の年金をもらうことで離婚に同意、アンリ四世は再婚を決めた。

カトリックは離婚が認められないのでは？

そのとおり。しかしスペイン・ハプスブルク家が叔父・姪婚という近親婚を認めさせたように、力関係で弱いローマ教皇がここでも譲歩する。つまりこれは離婚ではなく、もともと結婚自体が無効であったという解決法だ。何にでも抜け道はある。

晴れて独身のアンリ、戦争続きで金欠病とあれば、必然的に相手はしぼられる。うなるほどの持参金のついた女性が好ましい。

というわけで、カトリーヌと同じくフィレンツェのメディチ家出身、二十七歳のマリーに白羽の矢が立った。

第1章

ルーベンス『マリーのマルセイユ上陸』

（『マリー・ド・メディシスの生涯』より）

（一六二二～二五年、油彩、ルーヴル美術館、三六四×二九五㎝）

華々しい輿入れ

まるで神話の一場面のようだが、これはアンリ四世の再婚相手、フィレンツェの大富豪メディチ家のマリーが、国家予算とほぼ同額と言われるほど高額の持参金と、お供の者数千人、ガレー船十八隻をしたがえて、にぎにぎしくマルセイユへ到着した瞬間を描いたもの。

ヒロインにさほど魅力がないので、周囲に絢爛たる神話的粉飾《ふんしょく》をほどこしたかと疑われる。なにしろ真っ先に目を射るのは、マリー・ド・メディシスその人ではなく、豊満な裸体をおしげもなくさらす美しい海のニンフたち。複雑に身をよじり、綱で豪華船を引っぱる彼女らの、ヒップから太腿《ふともも》にかけての水滴の描写にルーベンスの超絶技巧が冴えわたり、鑑賞者は思わず画布が濡れていないか、触って確かめたくなるほどの迫真性だ。

左下には、灰色鬚《ひげ》の逞《たくま》しい海神ネプチューン（＝ポセイドン）もいる。三叉の鉾《ほこ》を持ち、海馬（手前に二頭の馬の頭が覗《のぞ》く）に跨《また》がって船首を押す。隣でトリトンが法螺貝《ほらがい》を吹く。

祝祭気分を盛り上げるのは、海の住人ばかりではない。

レッド・カーペットに足を踏み出したマリーを迎える兜《かぶと》の主は、百合の紋章付き青マントをまとっていることから「フランス」の、横にいる女性は城壁型冠をかぶっていることから「マルセイユ」の、それぞれ擬人像とわかる。さらに宙空を翼もつ「名声」の擬人像が、二本の長い喇叭《らっぱ》を派手に吹き鳴らしながら飛びまわる。

自分がいちばん

こうして海と地と天が一体となって沸き立ち、マリーの輿入《こしい》れを寿《ことほ》いでいるわけだが、後世の歴史を知る者には、なぜどうして何ら功績のない王妃マリーがこれほどまで讃《たた》えられるのか、首をひねりたくなるだろう。

しかも驚いたことにこの絵は、『マリー・ド・メディシスの生涯』と銘打った全二十一点のシリーズもののひとつにすぎない。つまりマリーは他にも二十の大画面の中で堂々とヒロインを張り、ある時は岩窟の中でギリシャの神々から教育を授けられる賢い少女として、ある時は戦争と知恵の女神ミネルヴァの化身として、またある時は夫アンリ四世を魅了する美女として、ハリウッド女優顔負けの大活躍なのだ。

手がけたのが当時ヨーロッパ最大と言われた天才ルーベンスなので、どれも実に華やかでドラマティックな仕上がりになっている。いかんせん、ヒロインの顔立ちが平々凡々でオーラもないため、せっかくの傑作が損なわれがちなのが惜しまれる。

これほどの大作群を、いったい誰が注文したのだろう？　アンリ四世？　いや、この時す

マリーの居城、リュクサンブール宮殿

でに故人だった（生存していたら反対したはず）。息子？　いや、母子の仲は最悪だった。ルーベンスが勝手に描いた？　いや、彼ほどの大家ともなれば依頼主の方が頭を下げるのであり、自分から売り込みなどしない。

では誰が？　王妃マリーをかくも崇《あが》め、この国になくてはならぬ聖なる存在、至高の王妃と信じた人間、それは誰？

——マリー本人だ。

本人が大金を積み、ルーベンスに発注した。アイディアを出し、制作に口をはさみ、自らの半生（このころ彼女は五十歳）を世界史の大事件ででもあるかのような臆面もない自画自讃の巨大絵画群に仕立て、ずらずらリュクサンブール宮の壁面に並べたのだった。

「告白好きの人間は逸話が少なく、面白みもない」という言葉が思い出される。

ふつうの感性であれば、故アンリ四世の生涯をこそ描かせたろう。ブルボン朝をひらき、「善王」として国民的人気の高いアンリの方が、誰が考えてもその妻より重要度が高いし、波乱の人生も絵画向きだ。王朝の無事存続のためにも、初代は神格化されてしかるべきだろう。王の絵は本連作完成後に制作予定だとして（けっきょく描かれなかった）、マリーはまず自分を優先させた。いくつかの画面にアンリも登場させているが、単に彼女の引き立て役、脇役としてである。

政治より自己陶酔が大事だったのだろうか？「見て見て、わたしを見て！」と主張せずにおれなかったのか。確かに、周囲の顰蹙《ひんしゅく》に対し徹底して鈍感《どんかん》なのが、ある意味彼女の強みではあった。だが一方でまた、これら捏造《ねつぞう》絵画が自己保身の手段だったのも間違いない。

なぜならマリー・ド・メディシスのほんとうの生涯は――。

結婚と不幸のはじまり

マリーは幼くして母を亡くし、気のあわない継母に育てられ、十五で父を亡くしてからは叔父に預けられた。アンリとの結婚が決まったのは二十七歳。当時の上流階級の女性は十四から十六、七歳が適齢期で、いくら遅くとも二十歳までには嫁ぐのがふつうだったから、驚くほど遅い。

求婚者が殺到していたとの文献もあるが、双方納得ゆく相手選びに難航したのであろう。だとしてもこれほどの遅れはやはり奇異なことで、親代わりの叔父が彼女を放置していたから、という理由の方に説得力が感じられる。フランス語は習ってさえいなかった（絵画では神々から全教育を授かったことになっているが）。

二十も年上のフランス王との縁談は、片や金目当て、片や箔《はく》付けのためと、身も蓋《ふた》もなかった。もちろん政略結婚が常の時代なので、特段の話ではない。度重なる宗教戦争により国庫が空《から》状態のアンリにとって、これまでの借金をご破算にしてくれた上（彼はすでにメディチ家から莫大な借入れをしていた）、持参金まで持ってきてくれるマリーは最高の花嫁だった。

フランスへ出立前のフィレンツェで、アンリの代理人が新郎役となって祝典が催された。このとき初演されたのが、現存する最古のオペラ『エウリディーチェ』である（一六〇〇年というこの年は、日本なら関ヶ原の合戦、音楽史ではオペラ誕生年と、覚えやすい）。

さて、マリーはこの絵のようにマルセイユへ到着した。だが海のニンフや「名声」の出迎えどころか、アンリの姿もなかった。次いでマルセイユからリヨンへ行くが、ここで一ヵ月も待たされる。まだ見ぬ夫は、愛妾と小旅行中だったのだ！

ルーベンスに描かせた絵の中で、アンリはマリーの肖像画にうっとりしたり、彼女のむき出しの胸から目を離せなくなっているが、現実は違う。新婦リヨン到着の報を受けたアンリは馬を走らせ、公式対面前に密《ひそ》かに実物確認しに行っていた。男というものは、まもなく会えるとわかっていても、「どれどれ」という好奇心から、こっそり見ておきたいのらしい。多くの王侯貴族が似たようなことをしている。古くはハプスブルクのフィリップ美公がスペインのファナを見に行き、たちまちのぼせあがってそのまま姿をあらわし、性急に花嫁を抱き上げベッドへ運んだ（『ハプスブルク家12の物語』参照）。

『リヨンの対面』（『マリー・ド・メディシスの生涯』より、1622〜25年）

アンリももしこの時マリーを気に入れば、即、自己紹介となったかもしれない。しかし覗き見た花嫁は、自分より大柄ですこぶるつきに太っていた。スリム美人が好みの彼は幻滅し、初夜を急ぐこともないとしばらく放っておいたのだ。愛妾がマリーを「商人のデブ娘」と陰口をきいても、たしなめなかった。

世継ぎを産む競争

出だしがこうでは、夫婦生活はうまく展開しない。

アンリはマリーの外見どころか、態度も気に入らなかった。自分の持参金がフランスを救ったと大きな顔をしているし、ルネサンス以来の芸術遺産に囲まれた豊かなフィレンツェから、文化度の低い貧しいフランスへ（長い戦争で国内が荒廃していたのは事実である）、わざわざ来てやったといわんばかりだ。取り巻きの同郷人としか交流しないため、いつまでもフランス語がうまくならない。洗練された物腰と機知あふれる会話が宮廷では必須なのに、彼女は落第点だった。

マリーにも言い分はある。夫はもう老人の仲間入りに近いというのに、色事師のあだ名そのまま、結婚しても遊びをやめない。前妻マルゴに莫大な年金を払っているし、愛人たちには金に糸目をつけず宝石を買い与える。居城は妻妾同居どころか、おおぜいの庶子でひしめき、宮廷でもっとも羽振りがいいのは自分ではなく愛妾の方だ。こんなはずではなかったとの怒りや嫉妬《しっと》で時にマリーは喚《わめ》き、アンリはフィレンツェへ帰れと脅し、不仲は覆い隠しようもなかった。

それでもとにかく跡継ぎさえ作れば勝ちである。調子のいいアンリは愛妾に、男児を産めば王妃にしてやると口約束していた。ふたりの女性は次々競って子を生し、マリーが勝利する。先に世継ぎを産んだばかりか、数年後にはとうとう愛妾を宮廷から追い出す（すぐまた別の愛妾があらわれたのは誤算だったが……）。

仲人のフィレンツェ大使が、マリーは多産の家系と請けあったとおり、三男三女に恵まれた。長男が後のルイ十三世だ。次男だけは早世するが、娘たちも皆成人し、長女はスペインのフェリペ四世妃、次女はサヴォア公妃、三女はイギリスのチャールズ一世妃となった。

政治能力ではカトリーヌ・ド・メディシスよりはるかに劣った凡庸なマリーだが、自分の血を引く王朝の礎《いしずえ》をしっかと据えたのだった。

「王妃マルゴ」として知られる前妻マルグリット

戴冠式翌日の悲劇

結婚十年目、ドイツ遠征をひかえたアンリは、留守中の統治権を王妃に委《ゆだ》ねるため、サン・ドニ聖堂でマリーの戴冠式を挙行した。彼女の栄光の頂点と言えるものなので、当然ルーベンスの連作画に『サン・ドニ聖堂におけるマリー・ド・メディシスの戴冠式』として入っている（後年、ダヴィッドはこれを『ナポレオンの戴冠式』の手本とした）。

宙空で金貨を撒《ま》く天使たちの右、特別席から、アンリが式次第を見守っている。後方の女性たちの中に、マリーと同じほど肉付きのよい女性が、妬《ねた》ましげな表情で戴冠の様子を見つめているが、これは子どもを産めず離縁された前妻マルゴだ。こんなふうにわざわざ敗者を登場させて鞭打《むちう》つところに、マリーの人間性が出ているように思える。

王不在の間、一時的に王妃に全権委譲するのはそう珍しいことではない。しかしこの度はマリーの強い希望による戴冠で、おまけに翌日――あまりにタイミングが良すぎはしないか？――、アンリは殺された！

ここにはケネディ暗殺にも似た、不透明さがつきまとう。偶然なのか、巧妙に仕組まれた罠だったのか、見極めにくい。

その日アンリは寵臣《ちょうしん》との会見のため、四輪馬車でルーヴル宮を出た。なぜか衛兵隊の護

『サン・ドニ聖堂におけるマリー・ド・メディシスの戴冠式』
(『マリー・ド・メディシスの生涯』より、1622〜25年)

衛はつかず、供の者たちは騎馬なのにもかかわらず、次第に王の馬車から引き離されてずっと後方を走った。やがて馬車は狭い通りへ入る。と、ふいに荷車が(二台も!)行く手を阻む。

馬は止まり、従者は荷車を除《よ》けさせようと、王のそばを離れた。警備が手薄になったその瞬間、どこからともなく現れた男が、窓の外から短剣でアンリの心臓を一突き……。

かつて「三アンリの戦い」に勝ち抜いたアンリ四世も、こうして他のふたりと同じく、暗殺者の手に落ちた。五十六歳。

カトリックとプロテスタントに引き裂かれたフランスを、危うい均衡を保ちつつ運営してきたが、心はプロテスタントではないかと疑われ続けており(それはそのとおりであったろう)、カトリック側の

アンリ四世の暗殺の場面

不満が事件を引き起こしたとされている。
　裁判では狂信者による単独犯ということで決着したが、王妃マリー黒幕説は当時から噂になっていた。今となっては真相は闇だ。

息子との不和

　新王となったルイ十三世がまだ八歳なので、マリーが摂政として実権を握る。いかにも彼女らしいのだが、本来は王太后と名乗るべきなのに、まだ王が結婚していないというのを理由に「王妃」の称号を使い続けた。

　王のいないこの王妃は、豪腕で権謀術数に長けた前任者カトリーヌとは違い、自意識と自惚《うぬぼ》れは強いが強烈な個性やカリスマ性に乏しく、周囲を平伏《へいふく》させる能力はなかった。

晴れて自分の天下と思い込み、イタリアから連れて来たコンチーニという下級貴族を元帥《げんすい》に取りたて、「イタリア人に国を乗っ取られる」との不満に耳を貸さなかったばかりか、いっそう悪いことには、アンリが何度も「宙返り」してまで妥協を図った宗教的融合策を無視し、反プロテスタント色を鮮明にした。これでは国の安定は守れない。宗教戦争再燃の様相を帯びた小競り合いが、あちこちで起こった。

そんな調子で七年ほど経《た》ち、成人したルイ十三世は政権を手放そうとしない母に業を煮やし、王の反乱を起こす。コンチーニ暗殺だ。さすがに実母を殺すわけにはゆかないので（殺したいほどだったらしいが）、パリから遠いブロワ城へ追放した。

母子はどうにも相性が悪かったようで、マリーは一度も幼いルイを抱き上げたことがなかったといわれるし、いつまでも息子を無能呼ばわりして憚《はばか》らなかった。ルイはルイで「わがまま王子」のあだ名がつくほどだったから、存外似た者同士で嫌いあったのかもしれない。

この追放劇も絵画化されている。『パリを去る王母』のタイトルで、「誹謗《ひぼう》」の擬人像に追われる、いかにも気の毒な喪服姿のマリー（後にシリーズからは外されたため、この絵だけはミュンヘン所蔵）。

次いで『和解』が描かれた。「神の正義」によって（実際には寵臣リシュリューの仲介によって）、仲直りするルイとマリー――ということからわかるように、ルーベンスのこれら連作画は、追放解除されてパリへもどったマリーが、二度とこんな目にあわないようにとの願いをこめ、また自分がこれまでいかにフランスに貢献してきたかを広く世に知らしめる必要から、制作させたものなのだった。

『パリを去る王母』（『マリー・ド・メディシスの生涯』より、1622〜25年）

　あいにく息子も政敵も、なんら感銘は受けなかった。単に保身のため自我肥大の絵を大枚はたいて描かせただけ、と感じたのだ（間違いなくそのとおりであろうし）。

流浪の果てに

　連作画完成の五年後、マリーは再び政治に口を出し、ルイが信頼を置くリシュリュー失脚を画策する。これが裏目に出た。息子はただちにリシュリュー側へ付き、手のかかる母親をコンピエーニュ城に軟禁。もはや仲を取り持つ者となく、マリーの野望は潰《つい》えた。

半年後、マリーは城を脱出、その後ネーデルランド、ベルギー、イギリスと各地を転々とし、亡命生活十一年の末、ドイツのケルンでひっそり生を終えた。息子になど会いたくもなかったろうが、ルーベンスの絵、いや、むしろ絵の中で輝く自分の姿はもう一度見たかったに違いない。

息子はといえば、画面に母親の顔ばかりなのはうんざりしたとしても、連作画を売却するつもりはなかった。ルーベンスの傑作がフランスにとって一財産だという認識があったからだ。事実、『マリー・ド・メディシスの生涯』は、現在リュクサンブール宮からルーヴル美術館へ移されて、人々の感嘆を誘っている。

『和解』（『マリー・ド・メディシスの生涯』より、1622～25年）

第2章

ヴァン・ダイク『狩り場のチャールズ一世』

（一六三五年ころ、油彩、ルーヴル美術館、二六六×二〇七cm）

祖母から受け継いだ威厳

数多《あまた》ある王侯肖像画中、屈指の名作。チャールズ一世のイメージを決定づけただけでなく、大自然の中でリラックスする人物という、後世のイギリス肖像画のスタイルを打ち立てたことでも知られる。

ここには国王を示す明確なアトリビュート（持ち物）は見られない。だが手袋、なかんずく左手袋は高貴をあらわし、狩猟権を示すとされるので、手袋を嵌《は》めた左手で右手袋を持つこの姿は、最高権力の仄《ほの》めかしと考えられよう。

衣装はいたってシンプル、しかし上質だ。凝ったレースの高襟《たかえり》シャツ、艶《つや》めくサテン地ジャケット、赤い半ズボン、革のブーツは拍車付きで上部に折り返しがある。肩から掛けた剣帯には、レイピアと呼ばれる護身用の細身の両刃剣が収まっており、柄《つか》の周りを流線型の鍔《つば》が華やかに彩る。帽子は小ぶりでくっきり黒い。

波立つ長髪、繊細な面立ち、特徴的な山羊鬚《やぎひげ》がその黒に映える。耳にはピアス。当時流行していた、大ぶりのバロック真珠だ。

構図は計算されつくしている。王が画面やや左寄りに立つのは、スポットライトを浴びるごとく明るい陽光を全身に受けるためで、濃い樹木の陰に沈むふたりの脇役とは好対照を成す。家臣が世話する駿馬《しゅんめ》も、ご主人さまに深々と頭《こうべ》を垂れる。

チャールズは高貴なスポーツたる狩猟中で、一休みすべく馬から下り、優雅に佇《たたず》みながら、ふと視線をこちらへ向けた……そういう演劇的演出を、ヴァン・ダイクは肖像画に盛り込んだのだ。歴代の王たちが画面の真中で真正面を向く、あからさまな権威付けの――ホルバインのヘンリー八世像に代表される――フロンタル・ビュー（正面像）とは、何と大きな違いであろう。

ヴァン・ダイクの流麗《りゅうれい》な絵筆は、チャールズにどことなくロマンティックで物憂げな雰囲気を与えた。かといって、王が親しみやすい存在というのでは微塵《みじん》もない。腰にあてた肘《ひじ》が見る者の方へぐいと突き出ることで、「そばへ寄るな」のメッセージが明白だし、それ以上に眼差《まなざ》しのこの、人を見下す曰《いわ》く言いがたい冷ややかさ、これこそが君主のオーラの源かもしれない。

王権は神から授かった絶対のもので、いかなる者にも制限されない、という王権神授思想を信奉したチャールズは、国の情勢がどうあれいっさいの妥協を拒み、ほとんどそのために命を落としたと言っていいほどだ。

我こそは正当な女王であると主張し続け、ついにエリザベス一世に斬首された祖母メアリ

祖母メアリー・スチュアート

ー・スチュアートの過ちを、孫である彼もくり返したというべきか。

ブルボンの花嫁ヘンリエッタ

このスチュアート朝二代目に嫁いだのが、ブルボン家のヘンリエッタ・マリアである。アンリ四世とマリー・ド・メディシスの末娘として生まれたヘンリエッタ・マリアは、一歳にして父親が暗殺され、八歳の時には兄ルイ十三世による母マリーの追放を目《ま》の当たりにするなど、不安な少女期を過ごした（当時のプリンセスは誰も似たりよったりの境遇だったけれど）。幸い、彼女が十五歳でチャールズ一世妃となった時期は、凄《すさ》まじい親子喧嘩《げんか》は休戦中で、ルーベンスによる連作画も完成間近だったから、機嫌の良い母が輿入れ行列についてきて、出港地まで見送ってくれた。

幼い花嫁は故郷を去る不安に胸しめつけられたに違いない。前途には暗雲漂っていた。ハプスブルク家の勢力を抑えるためなど、もろもろの政略上からの婚姻ではあるが、両国とも国内にいまだ宗教争いの火種を抱えたままだった。というのも、嫁ぎ先はヘンリー八世によってローマ教会を離脱し、「イギリス国教会」のもとにあった。カトリック総本山を認めない国の王が、カトリック国から妃《きさき》をもらうのだ。国内の急進派ピューリタンたちは、宮廷がカトリックを復活させるつもりではないかと疑い、はっきり結婚反対を表明していた。

フランス側はこの度の結婚条件として、イギリスにおけるカトリック擁護をチャールズ一世に約束させていた。ヘンリエッタ・マリアはそれを楯にセント・ジェームズ宮殿内に華麗なカトリック礼拝堂を建てさせ、国民の不安と不快をさらに煽《あお》った。敬虔《けいけん》な信者の彼女としては、身はどこにあっても忠実たらんとしたのだろうが、国教会式の戴冠まで拒否してしまったのは、正しい判断と言えたかどうか（なぜなら後年、戴冠していない王妃は王妃にあらずとして、寡婦《かふ》年金がもらえず苦労するからだ）。

妃ヘンリエッタ・マリア（ヴァン・ダイク画、1632年）

こうした宗教問題に悩まされたにもかかわらず、夫婦関係はいたって良好、政略結婚としては稀《まれ》な情愛に恵まれた。王

ジェームズ一世

は九歳下の可愛い王妃を慈しみ、愛妾は持たず妻一筋で、二十四年間の結婚生活で子どもも九人生まれた。ふたりが田舎の下級貴族であれば、あるいは時代が平穏ならば、お伽噺《とぎばなし》のようにめでたしめでたしで終わったろう。

襲いかかるピューリタン革命

そうはいかない理由があった。王は先代ジェームズ一世から、財政悪化や議会との対立、勝ち目のない対スペイン戦争や宗教争い、強固な王権神授思想をそっくり受け継いだ。「ジェームズは国家という船を岩めがけて走らせ、難破は息子にまかせた」と言われるように、チャールズが引かされたのは、とんだ貧乏籤《くじ》である。彼は戦争をやめるわけにもゆかず、議会に財政支援を要求して却下されるやただちに議会を解散し、時代の趨勢《すうせい》を読み違えた。

前の代の負の遺産に苦しむ、という点では後世のルイ十六世も同様だったから、彼はヒュームの名著『英国史』の、とりわけチャールズ一世の章を熟読、研究して、我が身の教訓としたというが、それでも時流は変えられず、同じ運命を引き寄せてしまったのは周知のとおり。岩がぐんぐん間近に迫り、船のUターンも不可能ときては、誰にもどうにもならないのか、それともあと少し有能であれば損害はもっと少なくてすんだのか。

チャールズに襲いかかったのは、ジェントリー階級のクロムウェル率いるピューリタン革命だった。聖歌をうたいながら進軍する革命軍を前に国王軍は敗れさり、チャールズは裁判にかけられることとなる。これに先だち、彼は王妃を故国フランスへ亡命させていた（ルイ十六世の場合と大いに違うところだ）。ヘンリエッタ・マリアは——アントワネット同様、異国の王妃は辛《つら》い——反カトリックから憎まれており、素行もいかがわしいなどとあらぬ悪評までたてられていた。

亡命した一六四二年というこの年には、奇《く》しくも母マリー・ド・メディシスが亡命先で六十九年の生を終えている。

殉教王チャールズ

革命から裁判へ至る数年、王妃は、イギリスにもどってはまたフランスへ逃げるをくり返した。そしてついに一六四九年、チャールズ一世が「暴君、裏切り者、虐殺者、民衆の敵」

チャールズ一世の公開処刑のようす

という物凄い罪状で首を刎《は》ねられた。

君主たるもの、暗殺や戦死こそあれ、国民から裁判にかけられ公開斬首されるなど、およそ前代未聞の出来事だ（フランス革命より百五十年も先んじている！）。素朴な民衆は王を神のごとき存在と信じており、王の手に触れてもらって病気を治す儀式もまだ行なわれていたから、この処刑を天変地異の始まりと見なして怖気《おじけ》づいた。王の流した血を布に浸し、一種の聖遺物とする者も多かった。クロムウェルと民衆の間の乖離《かいり》はかくも大きかったのだ。首が胴体と離れた瞬間から、チャールズは「殉教王」として人気急上昇してゆく。

こうなると、王政復古は自明であろう。共和政を樹立したクロムウェルが九年後にインフルエンザで早世すると、またたく間にチャールズ一世の長子がチャールズ二世として戴冠し、時を巻きもどそうとする。長生きしたヘンリエ

『クロムウェルと柩の中のチャールズ一世』（ドラローシュ画、1831年）

ッタ・マリアも名誉を回復し、我が子が玉座につくのを見ることができた。

ちなみに十九世紀のフランス人画家ドラローシュが（彼は『レディ・ジェーン・グレイの処刑』など、英国史を題材にした作品が多い）、『クロムウェルと柩《ひつぎ》の中のチャールズ一世』を描いている。

タイトルがなくとも、細面《ほそおもて》の顔に独特の山羊鬚、首回りの生々しい血の跡から、チャールズ一世とすぐわかる仕組みだ。斧で切り離された首は再び元の位置へもどされ、政敵クロムウェルの手で今しも蓋を閉じられようとしている。だが勝者に喜びの色はない。この後の展開を知る者が描いたからであろう。王政復古後、クロムウェルの一族郎党は皆殺しになり、本人の遺体も掘り起こされ、改めて斬首の後、長く晒《さら》し台に放置されるのである。

――歴史の濁流を思う。

肖像画の運命

チャールズ一世は、ヨーロッパ中に吹き荒れた宗教戦争の嵐を乗り切る能力がなかった。アンリ四世のように必要とあらば政治優先で何度も「宙返り」したり、エリザベス一世のように全てを曖昧《あいまい》なままやり過ごすこともできず、自分に逆らう議会を頭から抑えつけようとするばかりで墓穴を掘った。自らの側近が逮捕された時も、ものの見事に裏切り（側近は処刑台で「王や人の子を信用してはいけない。そこに救いはない」と叫んだ）、あくまで君主の無謬性《むびゅうせい》を主張した。

その一方で彼は、美術後進国イギリスにはきわめて珍しく、優れた審美眼の持ち主だった。ルーベンスを招いて天井画を制作させ、マントヴァ公の収集品が売り出された時にまとめて購入した他、フランドルの画家ヴァン・ダイクを宮廷画家に任じて王族たちの肖像をたくさん描かせた。

ヴァン・ダイクはチャールズの美術収集にも多大な貢献をし、後年、貴族に列せられ、王妃の女官と結婚している。ピューリタン革命前に亡くなったため、国王処刑など想像もしていなかったはずなのに、彼の筆による王と王妃はどれもそこはかとなく憂愁を帯び、彫刻家ベルリーニをして「なんと不幸な顔つきだ」と言わしめた。『狩り場のチャールズ一世』にしても、「暴君」だの「虐殺者」だのという罪状と絵の中の王はとうてい繋《つな》がらず、そのことがまた見る者のさまざまな感情を揺すってやまない。

ところで、なぜこの傑作がルーヴル美術館にあるのか、不思議に感じたことはないだろうか？

実は革命政府が絵の価値を知らず、いや、知ってはいても資金集めを重視したのかもしれないが、チャールズ一世の珠玉のコレクションはほとんど競売にかけられ、売り捌《さば》かれてしまったのだ。

当時、チャールズと並ぶ絵画コレクターといえば、スペイン・ハプスブルク家のフェリペ四世をおいて他にない。彼はこの機会を捉え、寵臣ベラスケスのアドヴァイスをもとに、ティツィアーノ『カール五世と猟犬』、ラファエロ『聖家族』、デューラー『自画像』などを競り落とした。ヴァン・ダイクの本作は、フランスが手に入れた。ブルボン家のプリンセスが

ルイ十五世の寵姫デュ・バリー（ヴィジェ＝ルブラン画、1781年）

嫁《か》した当の王なのだから、よそへは渡したくなかったであろう（王妃ヘンリエッタが渡仏の際に持ち込んだ、とも考えられる）。

こうして絵はフランスへ来たのだが、その後いかなる経緯でか、ルイ十五世最後の寵姫《ちょうき》デュ・バリー――宮廷でマリー・アントワネットと衝突したエピソードで知られる――の所有となった（後年、フランス宮廷が二万四千リーブルという破格の値段で買い上げている）。彼女が芸術愛好家だったという話は絶えて聞かないので、資産として購入したか、賄賂《わいろ》として誰かに贈呈されたと思われる。

十五世逝去後、とうぜんデュ・バリーは宮廷を追われたが、溜め込んだ金銀財宝で王侯貴族なみの派手な暮らしを続けていた。そこへフランス革命が勃発、命からがらイギリスへ亡命したまではよかったが、なぜか再び――宝石を取りもどすためとも言われる――フランスへもどり、逮捕され、恐怖で暴れまわりながらギロチン台で首を落とされてしまった。

何やら奇妙に因縁めく。

それにしても、自分の肖像画が、いっときとはいえ娼婦あがりのデュ・バリーの邸《やしき》に飾られていたとチャールズ一世が知ったなら、無念もここに極まれり、と墓の下で歯軋《はぎし》りするのでは……。

第3章

ルーベンス『アンヌ・ドートリッシュ』

（一六二二年、油彩、プラド美術館、一二九×一〇六cm）

三銃士に守られた美女

アンリ四世暗殺後、摂政となったマリー・ド・メディシスは親スペイン路線へ舵を切り、王家お得意の二重結婚を推進した。

こうして長女エリザベート（スペイン名イサベル）をフェリペ四世のもとへ嫁がせ、長男ルイ十三世にはフェリペの姉アナ（フランス名アンヌ・ドートリッシュ）をもらうことが決まる。と言ってもまだこの時点では、四人とも七歳から十歳の幼い少年少女にすぎない。実際にアンヌ・ドートリッシュがフランスの地を踏むのは、四年後の十四歳、ルイ十三世と同じ年齢だった。

「ドートリッシュ」というのは名前の一部ではなく、「Anne d'Autriche（英語ではAnne of Austria)」、即《すなわ》ち「オーストリアのアンヌ」という意味である。スペイン王女とはいえ、彼女の血はほとんどオーストリア・ハプスブルク家から来ているからだ。

それはルーベンスによるこの肖像画を見てもわかる。けぶるような金髪、エメラルド色と形容された碧眼《へきがん》、透きとおる白肌が北方の出を明かし、受け口気味の唇と心もち垂れた鼻が、ハプスブルク家を物語る。小さな欠点はあっても、アンヌは稀に見る美貌の王妃として知られた。美貌にもかかわらず不幸この上ない王妃、と。であればこそ、デュマの痛快冒険小説

『三銃士』（一八四四年）で、ダルタニヤンたちは彼女を救うため命をかけるのだ。

絵の中のアンヌは二十一歳。ブルボン家の一員となった証《あかし》の、百合の紋章付き緞帳《どんちょう》の下に座り、右手に毛皮の円筒マフを持ち、首には豪奢なレースの立ち襟と、十万リーブルを超す高価な大粒真珠のネックレス。なのに少しも若やぎがなく、幸せそうにも見えない。それもそのはず、前年には二度目の流産を経験したばかり。もう子どもができないのではないかと不安でいっぱいなのだ。夫のルイ十三世は彼女に、いや、彼女というより女性全般に冷淡、世継ぎを作るため渋々ベッドへかよったのに、流産とは何ごとかと怒って、以後ほとんど顧《かえり》みないという有り様だった。

ルイ十三世（シャンパーニュ画）

異国へ嫁いできた妃にとって、王は唯一の頼みである。その相手から疎《うと》んじられ、息子も産めず、故国から連れてきた家臣たちも帰されれば、闇の集うような孤独に苛まれることになる。アンヌは毎晩泣いている、との噂がさざ波のように拡がった。

けれど美女は間違いなく得である。同性

にしか興味のない王には、アンヌの女らしい優雅さも猫に小判だが、他の男性陣にとっては、不当な扱いをじっと耐え忍ぶ王妃の麗《うるわ》しさは弥増《いやま》すばかりに思え、同情と賞讃が入り混じりはじめる（外見のぱっとしなかったカトリーヌ・ド・メディシスの場合と、なんたる違い！）。

かくしてわずかずつだが、彼女の辛い立場は緩和してゆく。

愛の証のネックレス

そんな折――本肖像画完成後、三年目――、『三銃士』にも書かれた有名な恋愛事件が起こる。

ルイ十三世の妹ヘンリエッタ・マリアとの婚姻話が進行中のイギリス皇太子、後のチャールズ一世（第2章参照）が、非公式に（彼も「どれどれ」と未来の花嫁を見に来たのかもしれない）パリを訪れ、宮廷舞台を鑑賞した。その時同行してきた側近が、「イギリス一のハンサム」と名高いバッキンガム公だ。ジェントリー階級から大出世した、恐れを知らぬこの色男は、舞台で女神役を踊った王妃アンヌに一目惚《ひとめぼ》れし、愛の告白までしたらしい。

それで終わりではなかった。翌々年、ヘンリエッタ・マリアをチャールズ一世妃として迎えに上がったバッキンガム公は、以前にも増して美しくなったアンヌ・ドートリッシュに、猛烈なアプローチを開始する。そして何かが起こった。庭園での、短いがふたりきりの時間、王妃の悲鳴、あるいはベッドルームへの侵入、跪《ひざまず》いて愛を乞う姿……さまざまな証言が残されている。確かなのは、その時そばにいた、正確には、そばにいなければならないのにいなかった女官たちが、ルイによって処罰されたという事実である。愛していなくとも嫉妬はする。夫が猛烈に面白くなかったであろうことは想像がつく。

『三銃士』では、この時アンヌがバッキンガム公に愛の証として渡したダイヤモンドのネックレスをめぐって、王の寵臣リシュリューの悪巧《わるだく》みだの、銃士たちの両国にまたがる活躍だのが描かれ、バッキンガム公は許されぬ恋ゆえに殺されたことになっている。現実にも公は数年後に暗殺されているのだが、それは色恋とは関係なく、宗教戦争がらみであった。

バッキンガム公（ルーベンス画、1625年ころ）

かりそめの恋の相手の唐突な死に、

宰相リシュリュー（シャンパーニュ画、1637年）

アンヌは涙を流したのだろうか？　彼女は二十七歳になっており、依然として王とは仮面夫婦のままだった。

再びの愛の秘密

デュマの小説では陰険な悪役にされたリシュリューだが、ルイ十三世にとって、またフランスにとって、彼の存在は信じがたい僥《ぎょう》倖《こう》と言わねばならないだろう。枢機卿《すうききょう》にして宰相《さいしょう》、事実上の独裁者リシュリューは、私利私欲に走らず、フランスの国威発揚めざして大車輪に働いた。間違いなく、彼なくしてブルボン朝絶対王政の安寧はなかった。

リシュリューは王権を強化するため大貴族を牽制《けんせい》し、富国強兵及び反プロテスタント策を取ったが、何より重視したのはハプスブルク家の勢力阻止だった。宿敵ハプスブルクは当時ヨーロッパの半分を制覇し、フランスをぐるりと取り巻いていたのだ。そのため三十年戦争では敢《あ》えてプロテスタント側に立って介入、けっきょくオーストリア、スペイン両ハプスブルク家との長い戦争（二十年以上もかかる）を始めるに至った。

スペイン生まれのアンヌにとっては、日々はさらに辛いものとなる。夫と実弟（フェリペ四世）が戦うのを止めたいと思った彼女は、故郷へ出す手紙に、フランス軍に関する情報をしのばせた。手紙はたちまちリシュリューに押収され――つまり彼はずっと王妃を疑いの目で見ていたということだ――、彼女は王と宰相の前で釈明、陳謝するという屈辱を味わわねばならなかった。リシュリュー憎しの思いは強まる。

アンヌの弟、フェリペ四世（ベラスケス画、1656年）

ほぼ同じころ（アンヌ三十代前半）、ローマから教皇特使としてひとりのイタリア人が派遣されてきて、リシュリューの厚い信任を得た。謹厳《きんげん》でニコリともせず、人々を震え上がらせて束ねるリシュリューとは正反対に、明るく穏やかで「人誑《たら》し」の才があり（だからローマ教皇は彼に外交をまかせたのだ）、優れた政治センスも兼ね備えたこの男、マザランこそ、天が配剤《はいざい》した理想的な宰相後継者

マザラン（ミニャール画、1661年）

であった。やがてマザランはフランスに帰化し、リシュリューと同じ枢機卿になり、リシュリューと同じ実質上の宰相として、みごと期待に応えるのである。

——王妃アンヌとマザランが互いに惹《ひ》かれあったのは、いつごろからだったのだろう？　目を見交わした瞬間、恋は燃え上がったのか、あるいはもっとずっと後、ルイ十三世逝去後、異邦人同士の二人三脚で長く政務を続けるうち、ごく自然に情愛が育《はぐく》まれたのか。

ふたりが愛し合っていたのを否定する者は誰もいない。晩年には秘密結婚までしていたとの有力な証言すらある。だが彼らの恋がいつ始まったか、それは謎のままにされた。ルイ太陽王の出生の秘密に関わり、地雷を踏むことになるからか。

奇蹟の子の誕生

一六三八年春、国民は王妃懐妊の報に驚愕《きょうがく》する。

結婚してすでに二十三年、最後に流産してからでももう十七年たっており、誰もがまさかのビッグニュースだ。もちろん宮廷内ではとうに知れわたっていて（流産の怖《おそ》れがなくなった安定期での公式発表なのだ）、父親はほんとうにルイなのか、というひそひそ話であふれかえっていた。特に王位継承筆頭たるルイの弟ガストンは、このままゆけば自分が次の王だと期待していただけに（彼は後年、反乱を企てて蟄居《ちっきょ》させられる）、生まれてくる子の血に疑義を呈して、悪意ある噂をさかんに流した。

ではは妊娠推定期間である前年の十二月、アンヌはどこで誰といっしょだったか？　実は丸々一ヵ月、国王夫妻はサン・ジェルマン・アン・レーで過ごしていた。マザランはといえば、遠くイタリアにいた。

アリバイ成立か？

何とも言えない。推理小説なら、犯人による見えすいた工作ということになろう。イタリアからフランスへ密かに出入りするのも、さほど難しいとはいえない。したがって、こういうことも有り得る――アンヌを妊娠させてしまったマザランは、リシュリューに相談した。

サン・ジェルマン・アン・レー城

国家第一のリシュリューは、懐妊については隠したままルイを説得、もう一度、子作りにトライするよう、夫妻をサン・ジェルマン・アン・レーへ送り出した……。

荒唐無稽とばかりはいえない。いったいなぜ今の今になって急に子どもができたのか。めんどうな政務は全てリシュリューにまかせ、戦地へ行っていない時は狩猟ばかりのルイは、小村ヴェルサイユに狩り小屋を建て（これが後にヴェルサイユ宮殿へと変貌する）、若い男たちとひんぱんにそこへ入り浸っていたのだから。

とはいえ王が認めさえすればいいのだ。DNA鑑定などないし、真実はどうでも、子どもが生まれるのは目出度い。

第一難関はクリアした。だからといって思うがままに男児を授かるわけではないのだから、ここでアンヌの、ひいてはフランスの、強運のほどがわかるというもの。

「奇蹟《きせき》の子」ルイ十四世は、九月に元気な産声を上げた。

三十七歳の母がどんなにこの子を可愛がったか、語り草となるほどだった。惜しみなく愛を注ぐとともに、自らの手で宮廷作法を——なにしろ儀礼にうるさいことにかけてはヨーロッパ随一のスペイン王室出身である——教授した。世継ぎを産めない異国の王妃は、王の崩御後、実家である故国へ帰るのがふつうだったし、アンヌもそれを半ば覚悟していたろう。だが今こそ、今初めて、彼女はフランス王妃となり、我が子のために、我が子の栄光のために、実家ハプスブルクより婚家ブルボンを優先するのに、いささかのためらいも見せなくなる。

幼い頃のルイ十四世（エグモント画）

アンヌ・ドートリッシュの人気が高いのは、女性としての魅力もさることながら、この母性、それも盲目的な愛ではなく賢明な愛を息子に与え、導き、偉大なる王にし、さらには息子からも深く愛されたという、その点にあるに違いない。

幸運は続く。二年後、さらにもうひとり息子が生まれた。後のオルレアン公フィリップである。もはや誰の子か、問う者もいなかった。彼女は完全勝利したのだ。

危機を乗り越える静かな愛

リシュリューは、王位継承者の誕生および自らの継承者たるマザランの登場に安心したか、まもなく病没。そのわずか半年後、印象の薄いルイ十三世も結核で逝去し、四十二歳のアンヌが幼いルイ十四世の摂政の座についた。

政権交代ごとに政策がくるくる変わるのは常であり、アンヌのリシュリュー嫌いは知られていたので、彼の配下は皆、追放させられるものと覚悟した。だが彼女はそうしなかった。相談役であり新王の教育係ともなったマザランの忠告があったにせよ、これはなかなかできることではない。

長く宮廷で主流から外されていたアンヌは、岡目八目というべきか、その賢い目で数々の陰謀や裏切りを見てきた。息子と実権を争った姑の王太后マリー・ド・メディシスの幽閉、王の座を狙《ねら》った弟ガストンの反乱など、彼女なりに深く思うところがあり、リシュリューの王権強化路線を受け継ぐべきと結論したのだ。

フロンドの乱

歴史的に見て（あくまでブルボン王朝発展史的にだが）、正しい判断だった。リシュリューという重石《おもし》がなくなってまもなく、またぞろ権力奪取に動きだした大貴族たちによる「フロンドの乱」が勃発《ぼっぱつ》し、いっとき宮廷はパリを逃げ出さねばならないところまで追いつめられたが、それを乗り越えたあとは、比較的順調に進む。国内平定ばかりでなく、マザランの水際立った外交手腕により、対スペイン戦争もフランスにきわめて有利な条件で終結させることができた（それによってルイ十四世には、またもスペインから花嫁を迎えることができた）。

アンヌ・ドートリッシュは引き際も見事だった。息子が幼い間は懸命に支え、成人して親政がはじまると、いっさい口出しをせず、慈善事業と祈りの静かな日々を送る。それは彼女の曾祖父カール五世が、全てを息子フェリペ二世に譲って引退し、修道院へ引きこもった、潔い態度を思い出させる。

また彼女は寡婦となって以来、化粧をやめたにもかかわらず、色白のきめこまかな肌はいつまでも変わらず、美貌も衰えなかった。十五で結婚し、三十ともなれば女としての盛りは過ぎたといわれた時代（日本なら「お褥《しとね》下がり」である）、四十近くなって初めて子を産み、いつまでも輝きを失わなかったのは、幸せだったからに違いない。人生前半の辛い日々を忍耐と知性で乗り切り、後半の栄光を摑《つか》んだ。

出来のよい息子、フランスの強大化、そばには恋人もいてくれる。彼女が幸せを呼び込めたのは、人を愛せたこと、愛し続けられたことにあったような気がする。

第4章
リゴー『ルイ十四世』

（一七〇一年、油彩、ルーヴル美術館、二七九×一九〇㎝）

王の中の王

このポーズには見覚えがある。

右腕を王笏《おうしゃく》で支え、左肘をこちらへ突き出し、右足に体重を載せ、左足をさりげなく前へ出す。周りから注目され慣れている人間特有の、姿勢の良さ。人を見下す眼《め》。

——そう、これは半世紀以上も昔、ヴァン・ダイクが描いたイギリス王の立ち姿（第2章参照）と全く同じだ。その『狩り場のチャールズ一世』はすでにフランスへ買い上げられており、宮廷画家リゴーも参考にできたのであろう。ただし道具立てが違い、威圧感は比べものにならない。

「朕《ちん》は国家なり」と公言したルイ太陽王の、尊大さの代名詞のごとくふんぞり返る様《さま》はどうだ。豪奢な衣装や絢爛たる宝飾品にも負けない、倣岸《ごうがん》な顔つきはどうだ。プロパガンダ用の肖像画として、描く方も描かれる方も共に力が入り、絶対主義最盛期におけるヨーロッパ最強国の、まさに王の中の王、それがいかなるものであるか、またいかなるものでなければならないかをあますところなく伝え、「偉大なる世紀」の象徴的絵画となっている。

とりわけ本作が貴重なのは、制作時、王自身がモデルとして画家の前に長時間立ったこと（ふつう王侯貴族は顔のデッサンをさせるくらいで、あとは衣装を木枠にかけたり代役に着せたりして描かせた）。仕上がりに大満足した十四世は、スペイン宮廷に贈呈するはずだったのを取りやめ、手元に置いた。

当時ルイは六十三歳、フランスをナンバーワンの座に引き上げた栄光、赫々《かっかく》と身を照らす。いくぶん背の低いのがコンプレックスだが、そこは雲突くばかりのモジャモジャ鬘《かつら》と真っ赤なリボン付きハイヒールで、優に二〇センチはごまかせる。若き日にバレエで鍛えた脚も（この時代、脚線美は男性のものだった）、いまだ形の良さを保っているし、すでにほとんど歯抜け状態だったが、口を閉じていればわからない。

衣装が地位・階級・財産を語るとあらば、バロック的にごてごて身を飾り、権勢を誇示するのに何の憚《はばか》りがあろうか。「偉大なる世紀」はまた大仰《おおぎょう》きわまる鬘の時代であり、破産しかねないほど衣装や装飾品に出費した時代であり、男性モードが女性モードを凌駕した時代でもあった。

画面上の太陽王は、宝石を象嵌《ぞうがん》した王剣を腰に差し、財務長官コルベールが設立した王立マニュファクチャー謹製の絹靴下をはき、最高級レースのクラヴァット（ネクタイの先祖）を首に巻いて、分厚い儀式用マントをはおっている。そのマントを肩のところからわざわざ大きく折り返すのは、高価な裏地のアーミン（白貂《シロテン》の毛皮）を見せつけるためだ。表は青ビロード地に、百合の花を金糸で刺繍してある。百合は十二世紀から続くフランス王家の紋章――花の形が王笏に似ているのと、芳香によって蛇を撃退するとして選ばれた――なので、同じ生地と模様が椅子の背や、王冠を載せたクッション、テーブルのカバーにも使われている。

こうしたボリュームの上、さらに王は、目には見えない装飾もまとっていた。香水だ。カトリーヌ・ド・メディシスによってイタリアからもたらされた香水は、今やフランス宮廷人の必需品だった。なにしろ医者たちがこぞって水浴の害を説いたため（水中で毒素が体内に侵入すると主張）、誰もが年に数回程度しか風呂に入らない。おまけに下着の洗濯の回数も極端に少なかったので、浴びるほど香水をふりかけねば体臭を消せない。

豪華絢爛と清潔は――残念ながら――結びついてはいなかった。

もうひとりの「奇蹟の子」

それはさておき、時間をもっとずっと前へ巻きもどそう。この顔からは想像しにくいものの、太陽王にも子ども時代はあった。

アンヌ・ドートリッシュが四十近くなって産んだ「奇蹟の子」は、同じ「奇蹟の子」と呼ばれながら王朝を潰したスペイン・ハプスブルク家カルロス二世とは違い、真の意味の奇蹟を成し遂げる強運とエネルギーの持ち主だった。

何より彼は、王家に生まれた者にしては珍しく、母の豊かな愛に恵まれた。授乳こそ乳母にまかせはしたが、アンヌは時間を見つけてひんぱんに子ども部屋を訪れ、遅くできた我が子を慈んだ。フロンドの乱が勃発し、暴徒が少年王の寝室にまで迫ってきた時にも、必死にルイを守った。

愛を知る者は愛を与えることができる。アンヌと十四世の親子関係は終生良好で、それは宮廷にも好影響を与えた。なにしろ先王の時代には、母親と息子が互いに派閥を作って凄まじい権力闘争をくりひろげた末、負けた母が二度も城を追われ、遂《つい》に亡命先で客死しているのだから。

馬上の幼いルイ十四世（ヴーエ画、1648年）

また政治より狩猟が大事だった父王十三世が早くに亡くなったのも、ある意味、幸いした。父代わりのマザラン（ほんとうの父かも……）

は、ルイが一人前になるまで宰相として王権を守り抜き、現実主義的な政治手法、言葉を換えれば政治の非情を、新王に教えた。チャールズ一世殺しの張本人、クロムウェルとの同盟もその一例である。

当時フランス宮廷には、チャールズの未亡人ヘンリエッタ・マリア（ルイには叔母にあたる）が身を寄せていたのだし、本来なら彼女の意を汲《く》み、イギリスに対し強硬策をとってもよさそうなものだ。しかしマザランは情にも面子《メンツ》にも流されない決断を下し、結果的にそれが対スペイン戦でフランス勝利を導いた。

ルイはマザランから帝王学を授かり、十一歳にして初陣も果たし（後に大の戦争好きになる基盤となったようだ）、公式行事における振る舞い方を学び、自分が神から王権を授かった「選ばれし者」との認識を確固たるものにしてゆく。

そしてこのマザランの死もまた、タイミング抜群であった。一六六一年、ルイ二十三歳、ひとり立ちにぴったりの時期に、代父は役割を終えて静かにこの世を去る。若く、やる気満々の王にマザランが遺《のこ》していったのは、「ウェストファリア条約」と「ピレネー条約」の締結によるヨーロッパの平和（一時的ではあるが）と、「フロンドの乱」鎮圧によって強化された王権であった。

「自然」もまたルイに味方する。親政統治の前半、比較的温暖な天候が続き、農業生産が増加して——昔も今もフランスは大農業国である——経済が安定し、人民は王に満足した。すばらしい船出だ。十四世が真っ先にしたことは、宰相制の廃止（マザランの遺言に従ったと言われる）。今後は、国王自ら宰相を兼ね、王族や大貴族は国政にタッチさせず、実力本位で登用（商人の息子コルベールはそうして抜擢《ばってき》された）、しかも大臣たちには権力を持たせすぎないよう、王命を実行するだけの行政官へと引き下げた。若い王は、真の意味での「専制」を敷いたのである。

コルベール（ルフェーブル画）

戦いと栄光の日々

面白いことに、ルイ十四世はとうてい教養人とは呼べなかった。少年時代、フロンドの乱でパリを逃げ出し、しばらく転々としたため、腰を据えてラテン語など必須学問を身につけるに至らなかったとされるが、それだけでもあるまい。「本など読めて何になる」と言い放っている。

戦場でのルイ十四世

また、靴の踵《かかと》にまで小さな戦争画を描かせるほどの戦争好きで、自ら四つも大戦争を仕掛け――「ネーデルラント戦争（一六六七～六八）」「オランダ戦争（一六七二～七八）」「アウグスブルク同盟戦争（一六八九～九七）」「スペイン継承戦争（一七〇一～一三）」――、親政五十四年中、三十二年間もフランスを戦争状態に置いたにもかかわらず、軍事の才はなかったというのが定評だ。本人の指揮ではなく名将たちの奮戦での勝利が多く、負け戦の場合は退却しながら勝利宣言したし、臣下の手柄を平気で横取りした。最晩年には、さすがに戦争しすぎを後悔している。

ではバカ殿だったかといえば、決してそんなことはない。マザランの薫陶《くんとう》よろしきをえたルイは、記憶力の良さと勘の鋭さを発揮して、外交交渉にしたたかさを見せた。両ハプスブルク家との覇権争いでは弱小国を買収して味方につけたり、諸外国との折衝《せっしょう》にあたっては敵も舌を巻くほど裏と表を使い分けた。

国内政策では重商主義をとり、治世の半ばまではどれも成果をあげている。事実上の宰相格となった財務・軍事担当コルベールの手腕もあり、王立マニュファクチャーを次々設立、輸入を制限して国内産業を保護、輸出によって大量の外貨を蓄積、徴兵制を創設して軍を強化、ついには海軍までヨーロッパ一となった（スペインとイギリスの凋落《ちょうらく》が知れよう）。

模倣されるフランス文化

並行してルイは、精力的に自己神格化を目指す。「我が最大の情熱は、栄光への愛」――三十歳の時そう書き記しており、その愛は一生続いたのは間違いないとして、当然それは単なる自己顕示やナルシシズムに収まるものではない。自らの全能性を広く知らしめることで、国内の求心力を図り、国外へも強烈にアピールすることこそが目的だった。その徹底性と巧みな宣伝力により、目的は十全に達成される。

アポロンに扮するルイ十四世

彼はまた芸術の大パトロンとなった。当時の王侯貴族は音楽とダンスのできることが不可欠で、ルイ自身、若いころアポロンに扮《ふん》して宮廷舞台で踊ったのは有名である（「太陽王」のあだ名はそこからきた）。ルイの文化振興策のもと、数多くの芸術アカデミーや科学アカデミーが誕生し、フランス文化は絶頂期を迎える。それは広く深く他の諸国へ波及し、国の大小を問わず王侯貴族は皆ルイ十四世になりたがり、自分の宮廷をプチ・ヴェルサイユ化し、フランス人を雇って読み書き作法を猿真似した。

フランスこそが文化の中心、という思いをどれほど多くの人々が共有したかは、半世紀以上も後、プロイセンのフリードリヒ大王のもとを訪れたフランス人哲学者ヴォルテールが、大王はじめ宮廷人全員が日常的にフランス語を話しているのを知り、「ここはフランスです。ドイツ語をしゃべるのは兵士と馬だけです！」と驚いたというエピソードにもあらわれている。

大王の好敵手マリア・テレジアも手紙はフランス語だった。ドイツの科学者ライプニッツは、論文はラテン語、一般的著作はフランス語で書いていた。さらにその半世紀後、ロシアの作家プーシキンが『エフゲニ・オネーギン』で描いた田舎貴族の日常にも、雇われフランス人やフランス語でラブレターを書くヒロインが、当たり前のこととして登場する。現代日本で英会話ができれば無条件に尊敬（？）されるのと、やや似ているかもしれない。

さらに時代が下って十九世紀後半、バイエルンのルートヴィヒ二世は太陽王に憧れ、ヴェ

ルートヴィヒ二世が築城したヘレンキムゼー城

ルサイユ宮のそっくり小型版ヘレンキムゼー城を建てた。そして――何と！――第二次世界大戦直後の日本でも、これからは日本語ではなくフランス語（英語ではない）を公用語にすべしと真剣に唱える、志賀直哉のような人々が出た（これは敗戦による一時的錯乱《さくらん》だったかも）。フランス・モードに至っては、現代まで続いているといっていい。

ヴェルサイユと神格化の完成

こうしたフランス文化の優位性に貢献したのは、何と言ってもヴェルサイユ宮殿の存在であろう。

まるでアポロンに捧げる神殿めいたこの華麗なる城は、太陽王支配の集大成といって過言ではない。ルイは子ども時代、パリに恐怖を植えつけられたせいか、どこかよそに新たな宮殿の候補地を探し、父王の狩り小屋のあったヴェルサイユにたどりついた。パリの西南二十キロの沼沢《しょうたく》地で、交通も水利も良くないのに、いや、むしろ悪条件であればあるほど、自然をねじ伏せる征服欲に燃えたのか、新宮殿建設に熱中するのだ。

築城は一六六八年、ルイ三十歳から始められ、工事は労働者たちを死屍《しし》累々と重ねつつ、三十年以上にわたって続けられた。未完のまま遷都したのが一六八二年。以後、フランス革命まで王宮として使われる。

ヴェルサイユの華やぎについては次章に譲るが、この宮殿には社交の場としてよりもっと重要な要素があった。それまでは王家は季節ごと、行事ごとに、各地を廻っていた（移動宮廷）のだが、ヴェルサイユ宮に入ってからは王はもうそこを動かなかった。反対に大貴族たちが——江戸時代の参勤交代のように——領地を家来にまかせ、ヴェルサイユへ引越してきた。王との距離が近づき、自領と離れることで、彼らの反乱の芽はみごとに摘《つ》み取られた。王権はいよいよ磐石《ばんじやく》になる。

こんなエピソードが残っている。十四世から年齢を訊《たず》ねられた臣下が、「全て陛下のお考えのままでございます。わたくしの年もよろしいようにご決定ください」と、うやうやしく答えたのだとか。一事が万事。あからさまな阿諛追従《あゆついしょう》を、これまたあからさまに喜ぶ宮廷

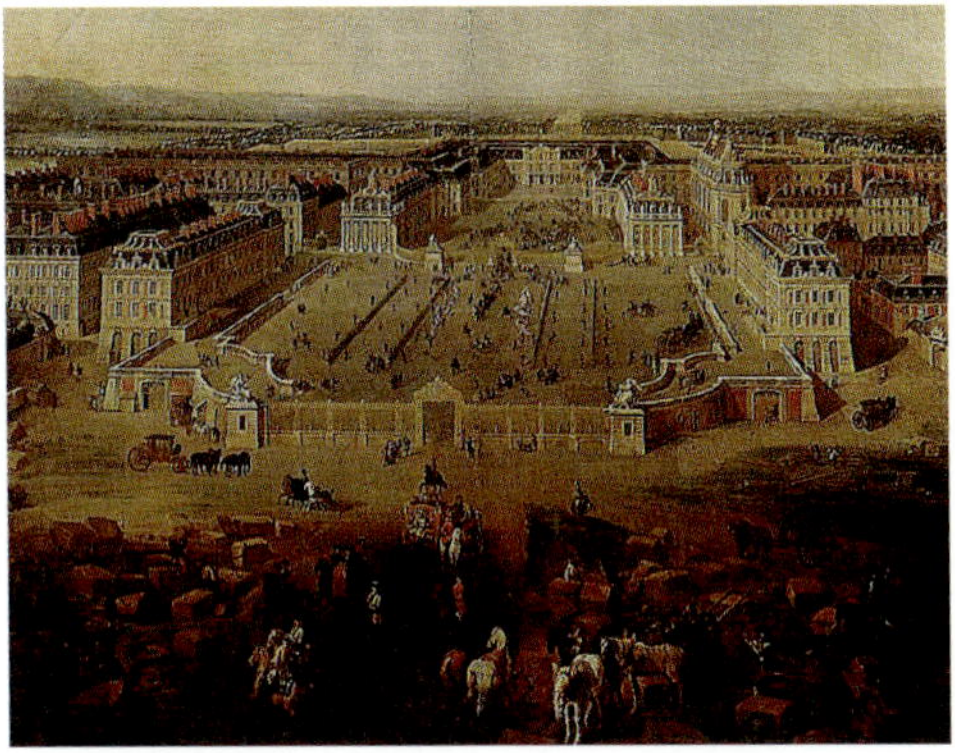

ルイ十四世が築城した当時のヴェルサイユ宮殿

文化というわけだ。

その代わり王は、これまでにも増しておおぜいの人々の注視にさらされ、一日二十四時間、ほとんどプライベート・タイムはなくなった。いついかなる時も世界の中心たる太陽のごとく眩《まばゆ》く、時には相手を焼き尽くす太陽王、という存在以外のものであることが許されなくなった。いわばヴェルサイユという舞台に出ずっぱりで主役を張ることを余儀なくされた。

これは言うは易しで、よほど役柄が気に入っているか、なみなみならぬ覚悟によるか、あるいは図抜けた鈍感さがなければ、できるものではない。肖像画を見直してほしい。マントひとつとっても相当な重量であろうに、いささかもそれを感じさせない。半ば神として生きるとは、そういうことなのだ。

第5章

ベラスケス『マリア・テレサ』

（一六五二〜五三年、油彩、ウィーン美術史美術館、一二七×九八・五㎝）

ルイ太陽王の妃が、このマリア・テレサ（フランス語読みではマリー・テレーズ）。お似合いのカップル？

それは何とも言えないが、相思相愛でなかったことだけは確かだ。若き日のルイはマザランの姪で才気煥発《かんぱつ》なマリ・マンチーニと恋に落ち、どうしても彼女と結婚したいと、母や宰相に跪いて頼んだといわれる。いくら寵臣の身内とはいえ、階級下の相手との結婚など論外だから、たちまち恋人たちは引き裂かれ、初恋は——実らぬのが相場とはいえ——あえなく散ってしまった。マリはイタリアへ嫁がされ、ルイはよほど無念だったのであろう、スペイン王女など嫌だと、しばらく駄々をこね続けた。

王の結婚は私的な領域にはなく、国を左右しかねない重要政策である。ましてこの度のブルボン家とスペイン・ハプスブルク家との婚姻は、「ピレネー条約」という戦後処理の和解条項だ。つまりフランスは敗者スペインに賠償金を要求しない代わり、五十万エキュの持参金付き王女をもらう、ただし生まれた子どもにスペイン王位継承権はない、との契約だ。契約は守られねばならない。

というわけで、ついにルイはマリア・テレサとの結婚に同意する。なついた可愛い野良猫は飼えず、親の言いつけに従って血統書付き猫をしぶしぶ受け入れる子どものように、絶対君主でありながら、ルイは愛する妻を得るのを諦め、頭の先から爪先まで百パーセントのお姫様を迎えることになった。

ピレネー条約締結で歩み寄るルイ十四世とフェリペ四世。フェリペ（右側）の後ろにマリア・テレサがいる

垢抜けないスカート

マリア・テレサは、父がフェリペ四世、母がルイ十三世の妹なので、ルイとはいとこ（年も同じ）、姑アンヌからは姪にあたる。

ベラスケス描く本肖像画は、輿入れの七、八年前、十四歳ころ。ウエストの脇に、二個の懐中時計を紐《ひも》で下げているところから、「二個の時計を付けた肖像」とも呼ばれる。

紐で「下げる」と書いたが、むしろ「置く」と言った方がいいかもしれない。ファージンゲールという枠で大きく左右へ広げたスカートを着用しているため、腰まわりが小さなテーブルになっているようなものなのだ。

美しいドレープの作れないこのスカート、実はフランスではとっくに流行遅れだというのに、二十二歳で嫁いできた時にもまだ同じファッションだったため、マリア・テレサは太陽王の宮廷人たちに陰で笑われている。長くヨーロッパの先端だったスペイン・モードも、国力の著《いちじる》しい低下とともに、フランスへ地位を譲ってしまっていたのだ（さらに後世になり、ココ・シャネルからも「古ぼけた家具みたい」と悪口を叩かれているのは、少々気の毒）。

この横広がりの仰々しいスカートと、リボンや羽根で飾りつけた兜のようなヘアスタイルの王妃や王女たちの姿は、ベラスケスを筆頭に、フェリペ四世の宮廷画家たちによって何枚も後世に残されている（『ハプスブルク家12の物語』参照）。あいにく彼女たちは——幼い少女時代は別として——誰もかれもビジュアル的魅力に欠け、純血種のお姫さまが美女とは限らないと、昔話との違いを思い知らされる。

マリア・テレサもその例にもれないのだが、しかし他の女性たちが皆、画面の中でどこか張りつめた雰囲気を醸《かも》しているのに対し、彼女だけは見てのとおり、どことなく眼が笑い、ぽわっとして、人のよさそうな印象を与える。どうやら実際にもそのとおりだったらしい。

この絵はフランスではなく、オーストリア・ハプスブルク宮廷へ贈られた。父王の腹づもりでは、娘をハプスブルク皇太子妃、将来的には神聖ローマ皇妃にしたかったからだが、翌年、その皇太子が若死にして話は立ち消えになる。おまけに自分のところではなかなか男児が生まれず、万が一、女王という選択を取らざるをえなくなれば外への輿入れはまずい等々、結婚がずるずる遅れていった。敵国フランスは想定外だったため、マリア・テレサのフランス語教育はなおざりにされ、嫁ぎ先で言葉の問題に悩む一因となった。

甘い生活？

さて、父もフィアンセも乗り気でなかったこの結婚を、マリア・テレサ自身はどう考えていたのか？

王妃となってまもなく、彼女はフランスの廷臣からこんなくだけた問いをかけられた、「故郷でどなたか心惹かれた男性はおられなかったのですか」と。マリア・テレサはびっくりしたように否定し、「スペインには父君しか国王はいませんもの」と答えたという。

このエピソードはずいぶん多くを語る。異国の花嫁が周囲のからかいの対象であったこと、それに対して気の利いた反応が全くできなかったこと、彼女にとって「国王」以外は相手にならないこと、ひいては国王であれば誰であっても愛せたということ、を。

底意地悪い宮廷人にしてみれば、マリア・テレサは恰好のからかい相手だったろう。落ち目の国から来た容姿に恵まれない王女であり、垢抜《あかぬ》けないファッション・センスの主であり、華やかな場は気後れして居室にこもりがちの内気人間、フランス語がたどたどしいのでエスプリも通じない。国から連れてきた小人症の「慰《なぐさ》み者」たちを猫かわいがりするのも奇妙だし、いじらしいまでにルイを愛し崇めることさえ滑稽に映った。

「王とココアがわたくしの二大情熱」——そう王妃は公言していた。王は浮気三昧《さんまい》で庶子を十人以上も作っていたし、甘いココアは彼女をぽちゃぽちゃに太らせたのだが。

宮廷を彩った寵姫たち

とはいえルイはルイなりに、王妃に敬意を払っていた。恋愛結婚の不可能な王侯貴族にとって、妻を愛することは下品、との妙な認識があった時代なので、「かたち」から入り、「かたち」を維持することが相手への思いやりである。十四世も律儀《りちぎ》に遊び律儀に戦争するのと同様、やはり律儀に王妃の寝室への訪問を続けた。

その甲斐あって、結婚翌年にはめでたく後継者ルイ（日本人の感覚では、よくもまあ同じ名前ばかりつけるものと呆《あき》れる）、別称「グラン・ドーファン（大王太子）」が誕生。さらにその翌年からほぼ毎年、たて続けに全部で三男三女が生まれた。ところが心身健やかに順調に育ったのは長男のみで、その下の弟妹は全て夭折《ようせつ》、けっきょく太陽王の嫡出子はひとりにとどまった。

六人目の子を亡くした後も、十四世はいちおう定期的にマリア・テレサの部屋へ足を運んだ。しかし長居はしなくなる。冷たいとばかりも言えない。王妃は外見も内面も子どもっぽく、政治にも社交にも芸術にも関心を示さず、おっとりも窮まって退屈至極な女性であり、宮廷で綺羅星《きらぼし》のごとき美女才女に囲まれている王にしてみれば、向き合っても所在ないばかりなのだ。

モンテスパンとその子どもたち
(ブール画、1675年)

王妃への義理をすませると、ルイは愛人たちの甘やかな胸へ飛び込んでいった。愛人は数えきれない。

弟オルレアン公フィリップの妻ヘンリエッタ、毒殺されたとの噂のフォンタンジュ、四子をもうけたルイーズ・ド・ラヴァリエール、七子のモンテスパン、最後の寵姫マントノン、エトセトラ。

王は初恋の意趣返しのごとくやりたい放題だった。しかしどちらかと言えば、相手から近づいてくることの方が多かった。太陽が宝石やら城やら爵位を降り注いでくれると知っている女性たちは、夫がいてもなりふりかまわず、少しでいいから温めてほしくて眼をぎらぎらさせていた。となると、据《す》え膳《ぜん》喰《く》わぬは何とやら。

マントノン
（ミニャール画、1694年）

王にかけた迷惑

マリア・テレサは、そんなものかとおとなしく受け入れていた。父フェリペ四世の尋常ならざる女漁《あさ》りぶりを目にしてきたし、飽くなき快楽の追求もまた王の資格であると、諦めていたのかもしれない。

ただ さすがに自分の女官だったモンテスパンは許せなかった。張り合うかのように次々子どもを産み、城の中に豪奢な居室を与えられ、宝石で満艦飾《まんかんしょく》に飾りたてて王妃然とふるま

広大なヴェルサイユ宮殿の庭園

う姿を見ると、「あの女は悪魔です」とつぶやかずにおれなかった。そのモンテスパンが子どもの教育係マントノンに追い落とされた時には、飼い主を嚙《か》んだ犬が同じ目にあっていると溜飲《りゅういん》を下げたに違いない。

退屈な人間は、日常もまた退屈だった。マリア・テレサの仕事は公式行事で王の隣に座ることだけ、子育ては乳母にまかせきり、舞踏会は嫌い、戦場へは愛妾がついてゆくので出番なし、昼は祈り、夜は何時間も賭けトランプに興じた。負けてばかりなので、誰にとっても良いカモだった。

一方ルイは、ヴェルサイユ建設に熱中して退屈する間もない（王妃といる時以外は）。夢の宮殿は着々と全貌をあらわしつつあった。

あらゆる芸術家、技術者を国内外から選り集め、

十四世の四代にわたる家族像（ラルジリエール画、1711年）。少女服姿の曾孫ルイ十五世に手を差し出すのが十四世。左手に立つ女性はマントノン。

非宗教的建造物としては最大且《か》つ最も豪壮な城を造りたい、建築、庭園、彫刻、絵画、工芸すべてを華麗に統一し、空間自体をこれまでにない芸術品として提示し、フランスの威光をあまねく知らしめたい——そんな太陽王の強烈な意志がみごとに達成されたことは、現代に至るも世界中から観光客を集め、眩暈《めまい》に似た威圧を与えていることからも明らかであろう。

未完のまま一六八二年、ルイはヴェルサイユに宮廷と政府を置くことを公布、引越した。マリア・テレサはヴェルサイユの女主人となるが、部屋数は寵姫より少なく、しかもわずか一年後には病を得、「王妃になって以来、幸せな日はたった一日しかなかった」と言い残して四十四歳でみまかった。哀しい言葉だ。

その一日とはいつだったのだろう？　新床《にいどこ》の夜だろうか、王太子を産んでルイから誉《ほ》められた日か、それとも初めてトランプ賭博に大勝した日だったのだろうか？

王妃の死を知らされたルイの感想は、「彼女が余に迷惑をかけるのはこれが初めてだ」

……さらに哀しい。

スペインにブルボンの日が昇る

マリア・テレサは、死後十七年たった一七〇〇年、フランスに大きなプレゼントをしたことがわかる。

故国スペインで、フェリペ四世の末子カルロス二世が世継ぎを遺さず亡くなり（『ハプスブルク家12の物語』参照）、後継者問題が浮上した。スペインは二百年近くハプスブルク家の支流によって支配されていたのだが、ルイ太陽王は堂々とそこへ割り込む。その根拠がマリア・テレサだった。

彼女はフランスに輿入れするにあたり、五十万エキュの持参金を持ってくるはずだった。ところが実際にはココアを持ってきただけ。衰退著しいスペイン宮廷には、すでに支払い能力がなかったのだ。事実上の賠償金である持参金が空手形に終わったからには条約は無効、スペイン新王にはブルボンの血を入れる権利がある、というのがルイの主張であった。当然ハプスブルク家が激しく反撥《はんぱつ》、ここにスペイン継承戦争が勃発する。

十三年にわたる長い戦いの末、「日の沈まぬ国」だったスペインにハプスブルクの日は沈

スペイン・ブルボン王朝最初の王となったフェリペ五世（リゴー画）

み、新たなフランスの太陽が昇った。爾《じ》来《らい》、オーストリア・ハプスブルク家は永久にスペインと関係を断たれ、スペイン王の首はオーストリア人からフランス人へすげ替えられた（異国の王に支配され続けのスペイン人は無念だったろう）。

　このころルイの嫡男グラン・ドーファンには、すでに三人の息子がいた。その次男、即ち十四世の孫が、新たにフェリペ五世としてスペインに君臨することになった。「良きスペイン人であれ。されどフランス人たることを忘れるな」という言葉とともに、太陽王は孫を送りだす。

　スペイン・ブルボン家の始まりである。

第6章
ヴァトー『ジェルサンの看板』

（一七二〇年、油彩、ベルリン・シャルロッテンブルク宮、一六三×三〇六cm）

ひとつの時代の終わり

繊細、優美、そこはかとない叙情性……この絵を見れば、絢爛と威圧の太陽王的バロック時代が完全に終わったことを、誰もが直感的に納得するであろう。

雅《みやび》の画家ヴァトーは、これを友人の美術商ジェルサンの画廊の看板絵として、わずか八日間で描き上げた。ジェルサンは入り口に数日飾ったが、通行人の大評判を受けて模写に掛け替え、オリジナルは高額で売却した。

こうして『ジェルサンの看板』はいくつかの手を経てフランスを離れ、意外や、フリードリヒ大王の所有物となる。プロイセンを軍事大国にのしあげ、宿敵マリア・テレジアから「モンスター」「シュレージエン泥棒」と罵《ののし》られた大王に、本作はあまり似あわない気もするが、新宮シャルロッテンブルクをロココ風に飾るべく購入されるのだ（とはいえそれはまだ三十年も先の話である）。

大仰さから軽やかさへの転換。

それは店を訪れる人々の艶《あで》やかな絹の衣装ばかりでなく、画面左下にも仄《ほの》めかされている――店員たちが木箱に入れて片づけているのは、他ならぬルイ十四世の肖像画なのだ。手前に無造作に置かれた藁束《わらたば》とともに詰め込まれ、蓋をされ、たぶんもう陽《ひ》の目を見ることはあるまい。実際、晩年の太陽王の人気凋落ぶりは甚《はなは》だしく、この絵が描かれる五年前に亡くなった時パリっ子は歓声をあげ、沿道で葬列を見送る人の数もまばらだった。

なぜそんなことになってしまったのだろう？

雨雲を知らない王朝

十四世の在位期間は、フランス最長記録だ。ヴェルサイユの回廊の突き当たりに据えられた、玉座までの距離のように長い。五歳で戴冠して七十二年、即ち一六四三年から一七一五年まで君臨し続けた。親政開始からでも半世紀以上になる。

これがどれほどのものかは、近隣の国王が次々代わったのと比べれば一目瞭然だ。スペインでは、フェリペ四世、カルロス二世、フェリペ五世と三人、オーストリア・ハプスブルク家は、フェルディナント三世、レオポルト一世、ヨーゼフ一世、カール六世（マリア・テレジアの父）と四人、イギリスに至っては、チャールズ一世、チャールズ二世、ジェームズ二世、ウィリアム三世、メアリ二世、アン女王と六人もいる。

在位の長さは悲哀とも結びついた。まずルイ唯一の嫡男「グラン・ドーファン」が、即位することなくドーファン（王太子）のまま四十九歳で病没、王位継承権はその長男（「プチ・ドーファン」と呼ばれた）へ移る（次男は前章で書いたように、スペインのフェリペ五世となった）。

ところがプチ・ドーファンも天然痘にかかり、二十九歳で夭折、その幼い息子へ継承権が移った。移った翌年、なんと、その子までが病没、最終的に王位はさらに幼いその弟のもとへゆく。つまり老いた十四世は、息子、孫、曾孫《ひまご》のひとりを、次々弔《とむら》わねばならなかった。

だが一生を通じてのルイの強運により、今回も事態は最悪に至る直前で回避された。スペイン・ハプスブルク家のように、ブルボン家断絶もありえたのだから、残された最後の曾孫（後のルイ十五世）が身体頑健だったのは幸いであった。

一方、国民にしてみれば、いつまでも暑苦しく照りやまぬ太陽にはうんざりで、ここらで一雨、せめて涼風なりともほしいところなのに、三代の王太子たちの屍《しかばね》を踏みこえてなおまだ王冠をかぶり続ける不死の老王には、腹立ちさえ覚える。経済がぐらついているのでな

グラン・ドーファン

おさらだ。

王の趣味（？）である戦争のせいで、フランスの豊かさには底が見えはじめ、若者は徴兵され畑地は荒れ、外貨は減って税ばかりが増え、腹は満たされないのに「栄光への愛」を満たさねばならない。こうした悪《あ》しきことの全ては、王が代われば一掃される――まるで深い海の底を黒い潮が無気味に流れを速めるように、太陽王崩御《ほうぎょ》が人々の願いの先であった。

飽きがきた

満足していたのは宮廷貴族だけ、と言いたいところだが、実は彼らもまた硬直化した宮廷生活にマンネリ感を覚えつつあった。晩年のルイは、地味で信仰心の篤《あつ》い寵姫マントノンの影響もあって華やかさが減じ、それが栄光に翳《かげ》りを帯びさせた。なにしろヴェルサイユでの生活は、主演者の強烈な魅力を頼りに

プチ・ドーファン

毎日同じ演目を何十年もくり返す舞台なのだから、オーラが薄れるとたちまち飽きられ、倦《けん》怠《たい》が埃《ほこり》のようにうっすら宮殿を覆う。

またこの城が快適な暮らしに不向きなことは、早くからみんな気づいていた。むやみに広く（総面積八百ヘクタール、窓数二千、部屋数七百！）、ちょっとした用事を済ませるのでさえ数キロも歩かねばならない。そのくせほぼ一万を超える人数がひしめいているため、街の雑踏のごときありさまだ。原則的に出入りが自由なので、強盗やら窃盗も多かった。風通しの悪い暗い部屋が連なり（これは結核蔓延《まんえん》の温床となる）、下水設備は不完全で非衛生的、庭園の水も濁りがちで、しばしば悪臭を放った。

にもかかわらず、依然としてヴェルサイユは憧れの場であり、人々はそこに住む特権を奪いあった。ルイのそばで寝起きできるのは、「神の御許《みもと》にいるのと同じ」なのだ。彼がひとりで食事するのをそばで——もちろん立ったまま——眺める（？）のも名誉のひとつだから、寵臣にしか許されない。王の一挙手一投足が宮廷生活の軸であり、起きてから寝るまで、誰が服を脱がせ、誰が寝間着を差し出し、誰が枕を平らにするか、宮廷儀式として事細かに決められ厳守された。

卑屈と打算で動くようになってしまった宮廷人には、マニュアル化された行動は楽だし、

（左）ヴェルサイユ宮殿内の王室礼拝堂の内部

（右）広大な敷地内に、人工的に作られた「洞窟」。太陽神アポロンなどの彫刻が入り口に並べられている

（左）儀式や謁見に使われた、壮麗な「鏡の間」

ヴェルサイユ宮殿の地図（1789年）

偶像崇拝も決して嫌ではない。ただ彼らも民衆と同じく、その偶像が古びてゆくのに不満を覚えた。おべっかを使うにしても、そろそろ新しい相手にしたい。自分たちの生活はこれまでどおり、しかし崇める王は世代交代を、というわけだ。

現実に新王が生まれてみると、儀式と国家と自分が一体となった日々を平然と演じ通せたのは、ルイ十四世であればこそだったとわかるのだが……。

偶像になりきる

良し悪しは別として、また周囲の迷惑困惑も別として、純粋にひとりの男の人生という視点から太陽王の一生を振り返れば、なるほどおおぜいに羨《うらや》まれるのも当然と思わずにおれない。苦労し、努力し、報われ、満足した一生なのだ。人生の醍醐味をたっぷり味わった男性なのだ。

少年期は生命の危機に直面した。母の愛があり、代父の帝王教育があった。青年期には人並みに恋に苦しみ、その後は大いにラブ・アフェアを楽しみ、最後は寵姫マントノン夫人と秘密結婚して、穏やかな愛を得た。

壮年期は好きな戦争で、勝った負けたと喜びもし切歯扼腕《せっしやくわん》もした。有史以来もっとも豪華な新宮殿を造ると決め、イメージどおりのヴェルサイユを得た。フランスを大国にしたいと願い、みごとに成し遂げた。

宮廷生活に敢えて複雑且つ煩雑な儀式を持ち込み、自縄自縛となった感はあるものの、それすらある意味では好きでしていたことだし、自分と国の威信高揚に役立った。栄光を求め、望みうる最高の栄光を得た。一人勝ちの人生だった。偶像になりきった。充実感があったろう。

最晩年さえなければ完璧といえたが、寿命は思うにまかせぬので仕方がない。戦争しすぎを自覚していたし、いくつかの失政に関しては、内心忸怩《じくじ》としていたかもしれない。

とりわけ「ナントの王令」の廃止だ。これはかつて血みどろの宗教戦争を平定するため、アンリ四世が認めたプロテスタント懐柔策だったのに、フランスを純粋なカトリック国にして、国民を結束させようと考えたのが裏目に出た。プロテスタントの牧師だけを国外追放するつもりが、信徒まで逃げて行き、亡命プロテスタントの数、約二十万。優秀な技術者や富裕な商工業者が多く、彼らの逃げた先――プロイセンなどの近隣国――を富ませるだけの結果になってしまった。

新王の時代

だがそれも、イエスマンばかりに十重二十重《とえはたえ》に囲まれていると、さほどのことにも感じられなくなったのではないか。七十代ともなれば、さすがの太陽も落日の色濃く、エネルギーは減る。あれほど華やかで賑《にぎ》やかな音楽を、絶えず身の回りで演奏させていたのに、次第にヴァイオリンひとつ、ギターひとつあればいいと言うようになった。

自らの人気の下降についても、さしてじたばたしていない。かつてなら、新たなイメージ戦略を練ったろうに。

いずれにせよ、歳月を経て次代のダメさ加減が明らかになるにつれ、人の心は手前勝手に変わってゆき、十四世の老年は忘れ去られ、最盛期のもっとも輝いていた時代が懐かしがられるようになる。偉大だったルイの雄姿だけが思い出されるようになる。

七十七歳の誕生日直前、十四世は逝去した。坐骨神経痛からきた膝下《ひざした》の壊疽《えそ》悪化が死因だった。

後継者たる曾孫のルイ十五世に——まだたった五歳なのに——こう遺言したという、「戦争をしすぎるな」。

新王の摂政には、十四世の甥オルレアン公フィリップが就く。規則ずくめで重苦しい太陽王の時代を早く抜け出したいと思っていたフィリップは、軽薄で気楽で享楽的な新時代を招き入れるのに何の躊躇《ちゅうちょ》もなかった。そしてそれは国中から歓迎され、なかんずく宮廷からは大歓迎された。

さあ、遊びまくろう！

ルイ十五世の戴冠（リゴー画）

第7章
カンタン・ド・ラ・トゥール『ポンパドゥール』

（一七五五年ころ、パステル、ルーヴル美術館、一七五×一二八㎝）

すべてを備えた寵姫

「上背があってすらりとし、身のこなしは端正でしなやか。上品な瓜実顔《うりざねがお》で、髪は栗色、目は薄茶、鼻の形は完璧で、口もとは艶っぽく、歯並びのなんとも美しいこと」――宮廷人からそう讃えられたポンパドゥール侯爵夫人の、代表的肖像。パステル画としては類を見ない大きさの作品だ。描いたラ・トゥールは報酬として、二万四千リーブルもの大金を手にしたという。歴代の錚々《そうそう》たる公式寵姫たち――アニエス・ソレル、ディアーヌ・ド・ポワチエ、ガブリエル・デストレ、モンテスパンｅｔｃ．――のうち、美貌においても政治的影響力においても一際抜きん出たマダム・ド・ポンパドゥールは、ルイ十五世時代を語るに欠かせない存在である。フランス王朝史書において、十五世妃マリー・レクザンスカの名はなくとも、ポンパドゥールの名が記載されていないものはない。

もちろん存命中も一貫して、各国の大使や要人は、王妃への挨拶もそこそこに、高価な土産品と内密の願い事を持ってポンパドゥールの居室へ押し寄せた。

この絵の彼女は、寵姫になって十年ほどたつ三十四、五歳。ふつうなら容色の衰えや、ライバルになりそうな若い愛妾の登場に不安を覚えそうなものだが、王の心を完全に掌握している余裕が、ごく自然なリラックスした態度にあらわれている。表情は、まさに有能なキャリアウーマンのそれだ。このまま現代高層ビルのオフィスへ連れてきてパソコンの前へ座らせても、なんら違和感はないだろう。どの時代のどの国にもいる、美貌と才覚でのし上がる女性の典型といえる。

宮廷一の実力者はまた自己演出力にも長けており、本作でもしっかり才色兼備ぶりをアピールしている。完璧なファッション・センスは、華やかで繊細なロココ文化の牽引者《けんいんしゃ》たる証だし、指先ではらりとめくった楽譜や背後の楽器は音楽への、机に並べた重々しい書物（『法の精神』『百科全書』）や地球儀は最先端の学問への、足元のデッサン帳（彼女自身が描いたとされる）は美術への、自らの関心と貢献を示すものだ。

権勢をほしいままにしたこの美女は、しかし生まれは貴族ではなかった。日本語の「侯爵夫人」という言い方は、まるで侯爵の夫を持っているかのような誤解を与えるが、そうではない。彼女本人に対して、王がポンパドゥールの領地と侯爵という貴族の位を与えたのであり（後に公爵へ引き上げた）、正確には「ポンパドゥール女侯爵」と呼ぶべきなのだ。

では夫はいなかったのか？――いた。ダビデ王に妻バテシバを奪われた、ウリヤのような夫が。ただしウリヤと違い、デティオール氏は命を取られることはなく、それどころか、妻を差し出す見返りに高位高官を餌《えさ》として提供された。憤然と拒否したが。

マダム・ド・ポンパドゥールの幼名は、ジャンヌ・アントワネット・ポワソン。新興支配階級たる富裕なブルジョワジー出身で、高い教養と貴族並みのふるまいを身につけた。二十歳の時、四つ年上の裁判官デティオール氏と結婚、子どもをふたり産む（どちらも早世）。一方で、野心家の彼女はヴェルサイユ入りを狙っていたとも言われる。別荘での宴《うたげ》にヴォルテールやモンテスキューなど文化人を招いたり、狩猟へ行く十五世の目にとまりたくて自ら四輪馬車に鞭を当てもした。めでたく王の愛を勝ち得たのは、結婚三年目（夫は寝耳に水だったらしい）。公式寵姫として堂々のデビューは二十四歳であった。

国際政治を牛耳《ぎゆうじ》る

ポンパドゥールには、自分の為《な》すべき仕事が明快にわかっていた。ただただ王を喜ばせればいい。そして王は喜んだ。彼女のそばで心底くつろぎ、彼女を政務の場へ同席させ、彼女の影響をたっぷり受け、最初は熱烈な恋人として、やがて信頼する友として、また有能な政策顧問として、なくてはならない片割れとして、二十年近くを共に歩む。

王妃や王太子など、王の家族はポンパドゥールを敵視し憎んだ。それは当たり前のことだし、ポンパドゥールにも理解できないわけではなかったから、彼らに対してはひたすら腰を低くし、無用なトラブルは避ける努力を怠らなかった。だがそれ以外の宮廷人たち、彼女を平民出の女と蔑《さげす》み、隙あらば引きずり落とそうとする輩《やから》には反撃も辞さず、場合によっては領地へ追い返した。これは効き目十分であった。

太陽王以来、王の身近にいられる宮廷こそが全世界、そう信じこんでいる高位貴族にとって、田舎の自領などまるで「鳥もかよわぬ八丈島」への島流し同然なのだ（田舎暮らしの好きなイギリス貴族と、何たる違い）。ヴェルサイユ追放の憂き目にあい、生きる希《のぞ》みを絶たれたと憔悴《しょうすい》して死を早めた者が少なからずいた。

次第に人々は寵姫の前にひれ伏しはじめる。着々と味方を増やした彼女は、芸術文化の偉大なパトロンになる（宮廷での芝居上演の采配、『百科全書』の出版助成、王立セーヴル工場の創設などなど）とともに、大臣並みの公務を抱えこんだ。十五世が政治にあまり興味なしとなれば、代わりに政務を執ることもまた彼を喜ばせることであったから。

有名な「三枚のペチコート（女性用下着）作戦」の一枚は、他ならぬポンパドゥールだ。これは新興著しいプロイセンのフリードリヒ大王を囲い込んで潰すのを目的に、オーストリア・ハプスブルク家のマリア・テレジアとロシアのエリザヴェータ女帝、そしてポンパドゥールの三女傑がタッグを組んだもの。長年、敵国同士だったフランスとオーストリアはここ

エリザヴェータ女帝

マリア・テレジア女帝

でようやく、敵の敵は味方だとして友好関係に入り、後のマリー・アントワネット輿入れのレールが（良し悪しは別として）敷かれたことになる。

栄華の終わり

ペチコート作戦の具体化は、一七五六年に勃発したオーストリア対プロイセン戦争だ（後に「七年戦争」として知られる）。マリア・テレジアがフランスとロシアを味方に有利に戦いを進め、もう少しで憎いフリードリヒを完膚なきまでに粉砕しかけながら、エリザヴェータ急死を受けて敗北した、ヨーロッパ覇権争いである。結果、オーストリアとフランスは後退、プロイセンは大国へのしあがり、プロイセンに味方したイギリスも、アメリカのフランス領ばかりかインドまで奪取した。

ポンパドゥールにとっては痛恨の極みだった。周囲はここぞとばかり成り上がり女性への非難を強め、国家の財政悪化まで全て彼女になすりつけた。現実には、失政というよりむしろ、フリードリヒ大王の強運というべきだろう。エリザヴェータ女帝の跡を継いだ愚かなツァーリ、ピョートル三世（まもなく妻であるエカテリーナ女帝に暗殺される定めだった）が、なぜか熱烈な大王ファンで、あっさり戦線離脱したための逆転劇なのだ。エリザヴェータが今少し長生きしていれば、ポンパドゥールの大殊勲となった可能性は高い。

とはいえ、非難されても止《や》む無し。公式寵姫というシステムは、いったん事あらば彼女のせいにして王や臣下が難を逃れるための、便利な安全弁といえた。権利なくして栄華を誇った者は、罪なくして咎《とが》を引き受ける覚悟もいる。

フリードリヒ大王

敗戦後、ポンパドゥールの体調はいっそう悪化した。すでに結核に罹患《りかん》しており、傍目《はため》にもやつれが目立った。当時、父親に連れられた幼いモーツァルトが宮廷を訪問し、神童ぶりを披露したが、夫人は何も声をかけなかったらしい。モーツァルトの父は彼女の冷淡ゆえと見なしたが、それは間違いで、病魔に冒されていたせいだ。亡くなったのは四十二歳。友人のヴォルテールは過労死と見なし、心からその死を悼んだ。

宮廷の規則では、王侯以外の者がヴェルサイユで死ぬことは禁じられていた。どんなに重態でも、移送されるのが常だった。しかし十五世の特赦により、ポンパドゥールはそのまま居室に残ることが許され、短くも派手な生涯を終える。王はバルコニーから葬列を見下ろし、涙を流していたという。

一方、王妃は早くも数日後、「もう誰も彼女のことなど口にする者はいません、初めから存在しなかったみたいに」と書いた。そのとおりだろう。誰が王妃に、亡くなった寵姫について語ろうか？

王はポンパドゥールの死後四年間、公式寵姫の座を空位にした。だが王妃の亡くなった一カ月後には、娼婦あがりのデュ・バリーを新たにヴェルサイユへ引き入れた。人々はそこで改めて、ポンパドゥールがいかに類稀《たぐいまれ》な女性であったかを思い知るのだった。

「こよなく愛される」美王

さて、肝心のルイ十五世。

太陽王の画家リゴーが、二十歳の十五世も描いているので見てほしい。「美王」のあだ名も頷《うなず》けよう。

裕福な家の子を「銀のスプーンをくわえて生まれた」と言うが、十五世の場合ならさしずめ「純金の特大スプーンを口一杯ほおばって生まれた」と言うべきかもしれない。ヨーロッパ一華やかな国の、ヨーロッパ一羨まれた国王十四世の曾孫として、祝福の嵐を浴びて育った。男児生存率の低い時代に、五体満足で利発でなおかつ美丈夫だった。即位は五歳と早すぎたものの、曾祖父が磐石に地ならししてくれていたし、叔父による摂政政治もうまくゆき、成人後の親政政治への移行もスムーズだった。

二十歳のルイ十五世（リゴー画、1730年）

そのころの彼は、「きれいな娘のような顔。憂いをふくみ、氷のように冷たく非情な美青年」と評された。物心ついた時にはすでに王であり、周囲の絶えざる視線と阿諛追従を香水のごとく浴び、尊大であることが何より大事とされた宮廷育ちであるからして、人を人とも思わぬ「非情」さは当然のことだろう。

十五歳の時、六つ年上のポーランド王女と結婚（格下の国だったので反対が大きかった）、十一子をもうけて王位継承者の心配も早々とクリアした。愛妾も庶子も次々できた。なにしろ美貌の「こよなく愛される王」だ。むらがる女性たちをかきわけるだけでも大変だ。

地上で望み得る全てのものを、十五世は何の苦労もなく手にしていた。健康、魅力、自分より上には神しかいないという最高位、湯水のごとく使える財……。けれどそれが幸福かどうかは別問題である。何もかも持っていて、欲しいものは今後も何もかも手に入る。となるとそれはもう欲しいものとはいえまい。では生きる意欲をどうやってかきたてればいいのか？

誰もが十五世のアンニュイ（倦怠）を指摘している。彼は退屈だったのだ。ブルボンに嫁いだアントワネットが、母マリア・テレジアから遊興三昧を手紙で責められ、「お母様は何を怒っているのでしょう、わたしは退屈するのが怖いだけなのに」と呟《つぶや》いたが、それと同じ退屈を、いや、それ以上に根深い退屈を、半世紀以上も背負い続けてきたのが、この十五世だった。

彼は自分のしたいことを見つけられなかった。国政は臣下がまかない、一応うまく機能していたし、何より堅苦しい太陽王の晩年に飽き飽きしていた貴族たちは、若い美王を中心に楽しくかろやかに遊び呆《ほう》けることをのみ求めた。国土拡張など棚上げされ、十五世は曾祖父のように戦場に赴くことはもうなかった。国庫は減り続けていたが、それでも他国に比べればまだ唸《うな》るほどある。

享楽の時代・ロココの絵画『ぶらんこ』（フラゴナール画、1767年）

長い長い絶望

民衆の苦悩は？

そんなものは、当時の王侯貴族の眼中には全くない。王権神授説のもとでの彼らに、国民という概念はまだ生じていないので、同じフランス人同士よりも、他国の王侯貴族に対しての方がよほど親近感が持てた。貧しく薄汚れた民衆など、目の縁《ふち》にとらえるのさえうんざりだ。

玩具《おもちゃ》を与えられすぎた幼児が無気力になるのと同じく、不幸な美王は青年期の無為を一生引きずった。せっかくの利発さはどこにも生かされず、ライバルのいないオットセイのハーレムのように、女遊びだけに蒼白い情熱を燃やし、しまいには「王の唯一の能力は男としての力を見せることのみ」と陰口を叩かれる始末だった。ポンパドゥールに魅《み》入《い》られたほんとうの理由も、彼女が上手に遊んでくれたからであり、退屈と死への恐怖をやわらげてくれたからかもしれない。

ルイ十六世とアントワネットの結婚式

二十六歳のデュ・バリーを公式寵姫にした時、王はもうすぐ六十歳、彼女の若さと美によって老いを食い止めようとしたのだろう。すでに「こよなく愛される王」ならぬ、「こよなく無差別に若い女を愛する王」と成り果てており、宮廷人からの尊敬も民衆の人気も地に落ちていた。
息子は先に死に、孫（後の十六世）が王位継承者だったが、その嫁候補アントワネットを品定めして帰ってきた大使に向かい、真っ先に「胸は大きかったか？」と訊ねたという。

十五世の死因は天然痘だった。それも「年若い赤毛の百姓娘と関係して感染した」と噂された。そう言われても仕方ないほどの女狂いだった。ポンパドゥールがいる時も、デュ・バリーがいる時も関係なく、相手は数百人とも言われている。何やら薄ら寒い思いがする。

ツヴァイクは『マリー・アントワネット』で、彼の死をこう書いている、「人間が死ぬというより、黒ずみ膨張した腐肉が崩れてゆくのだ。なのにルイ十五世の肉体は、ブルボンの祖先全部の力が集まったかのように、絶え間ない破滅に巨人のごとく抵抗する」。

天の恵みの頑健な肉体が、いたずらに死を長引かせたのはなんたる皮肉だろう。

だがようやくにして六十四歳で、彼の長い退屈にピリオドが打たれた。そして王のこの恐ろしい死に方は、それまでかたくなに種痘に反対していた医者たちの抵抗を弱めるという、思いがけない効用ももたらしたのであった。

第8章

グルーズ『フランクリン』

（一七七七年、油彩、アメリカ哲学学会博物館、七二×五七㎝）

百ドル札の顔

髪の生え具合、額の形、眉間《みけん》の深い縦皺《たてじわ》、特徴的な口もと――どこかで見覚えがあるはず。そう、現アメリカ百ドル紙幣の顔、ベンジャミン・フランクリンだ。

お札の中の彼はもう少し眼が大きく、頬もたっぷりして親しみやすく、まさに「良きアメリカ人の典型」なのに、こちらは愛嬌などどこを探しても見当たらず、鬘《かつら》でも被せれば、とんと尊大なフランス貴族といった按配《あんばい》。

それもそのはず、描いたのは当時のフランス・アカデミー会員グルーズである。思想家ディドロや少年モーツァルトの肖像なども残している。新大陸からやって来た著名人を描くにあたり、ざっくばらんで粗野な面は覆い隠し、少々粉飾して宮廷的威厳を付け加えるべきと思い込んだようだ（ハリウッド映画に出てくる日本人が、何となく日本人に見えないのと同じだ。どうしても自らの基準のうちにおさめようとするからか）。

おかげでフランクリンらしさが感じられなくなってしまった。貧しい労働者一家の十五番目の子として生まれ、学校教育は十歳までしか受けられなかったにもかかわらず、実業家として成功し、嵐のなか凧《たこ》を上げて雷が電気だということを命がけで証明し、避雷針や遠近両用眼鏡を発明し、アメリカ初の公共図書館を設立し、文筆家として名を成し、政治家として

アメリカで流通する百ドル札のフランクリン

アメリカ独立宣言の起草委員のひとりとなり、今なお世界中で読み継がれている『フランクリン自伝』で名高い、楽観的で人間的魅力にあふれたマルチ・タレントぶりが、だ。

アメリカから吹いた「自由」の風

　それにしても、生まれついてのこの自由主義者が、ブルボン家といったい何の関係があるのかといえば、実は大ありだった。七十歳の彼が長い船旅をものともせず、はるばるフランスを訪れたのは物見遊山ではなく、独立戦争の資金援助をルイ十六世と交渉するためだった。到着は一七七六年十二月。アメリカは夏に独立宣言したばかりで、この先イギリスとの戦いが長引くのは必至だった。

　フランクリンは持ち前のユーモアと率直な言動で（フランス語も少し話せた）、たちまちサロンの人気者になる。パリの青年貴族たちは、すでに独立宣言の「自由」や「独立」という言

1777年のサラトガの戦い（トランブル画、1822年）

葉に酔っていたが、フランクリンから直《じか》に話を聞くうちにいっそう刺激され、義勇軍としておおぜいが新大陸へ渡っていった。その中には、後にフランス革命で重要な役割を果たすラファイエットもいた。

　フランクリンのパリ滞在は九年にも及ぶ。フランスとの条約締結という所期の目的を果たして辣腕《らつわん》ぶりを示した後、大使として残ったのだ（つくづく残念なのは、『自伝』が一七五七年で終わっていること。彼の率直な筆で、ルイ十六世やマリー・アントワネットの描写を読んでみたかった）。

　一七八三年、アメリカは晴れて独立国となった。ところが多大の人命と莫大な出費——十億リーブル！——を投じたフランスは、西インドのトバゴやらアフリカのセネガルといった、ささやかな戦利品を手にしたのみ。とうてい割りに合わないこの結末は、フランス外交力の衰えを如実に物語る。

アメリカ独立戦争への参戦

はじめルイ十六世は、戦争に踏み切る気などなかった。絶対王政の君主が自由主義国家を応援するというのもおかしな話だからだ。ただし宿敵イギリスの弱体化は願ってもないことなので、植民地アメリカの反乱を陰で大いに煽ってはきた。フランクリンが来仏してもすぐには謁見せず、表だっては宮廷は我関せずの形を取り続けた。

ところがそのうちサラトガの戦いで、貧弱なはずのアメリカ軍がイギリス軍を破って形勢有利が伝えられるや、側近たちから、早く参戦した方が得だとせっつかれる。こうして優柔不断の王は、空っぽの国庫をながめ迷いつつ、条約締結にサインしたのだった。

イギリスはしたたかだった。負けを覚悟するなり、今後はアメリカを自国製品の市場にした方が得、とすばやく考えを切り替えた。次いで、密かにアメリカをフランスから引き離し、単独講和を結んでしまう。フランスは「喧嘩に勝って勝負に負ける」の言葉どおり、損な形で取り残された。ヨーロ

実質上、独立戦争を終結させた1781年のヨークタウンの戦い（トランブル画、1787年）

ッパにおける威信は少々取り戻したものの、実質的な益はないに等しかった。

高利で賄った戦費により、ただでさえ苦しい国家の台所は、いよいよ火の車と化してゆく。この五年後、即ち革命前年の一七八八年は、十六世が戴冠して十四年目だったが、この間の借財が四十五億リーブル——現在の日本円に換算しておよそ百兆円——にのぼったというから凄まじいが、うち四分の一弱が無駄にアメリカに費やされた計算だ。同じ一七八八年、国家支出は十五世時代前半の約三倍、六億三千万リーブルに達し、その半分が借金の利子に当てられていた。破綻一歩手前どころか、破綻そのものだった。

にもかかわらず華やかな宮廷生活は、昨日に変わらぬ今日へと続いていた。これは不思議でも何でもない。蛙《かえる》をいきなり熱湯へ入れると跳ねて逃げるが、水からじわじわ熱してゆけば大人《おとな》しく茹《ゆ》であがるように、ブルボン家の借財も太陽王治世後半からあまりに長く常態化していたため、危機の境い目がもはや誰にもわからなくなっていたのだろう。

それともわかっていたのか？　心の奥底では、間近に迫るビッグバンに気づいていたからこそ、宮廷人たちは狂騒的な贅沢三昧に淫《いん》していたのか……。

引きこもる王

――歴史をふりかえると、実に「間の悪い」としかいいようのない登場の仕方をする人物がいるが、ルイ十六世もそのひとりだ。先代からの負の遺産をそっくり受け継ぎ、全責任を負わされ、自らの命で贖《あがな》わされた。

十六世は十五世の息子ではなく、孫である。王太子となったのは十歳で、何につけても自信のない、オドオドした少年だった。ひとつには美王の孫とも思えぬ見映えの悪さゆえであり、もうひとつには両親から無能視されて育ったせいと言われる。もともと順序から言えば、五男中の三番目の彼に王冠が回ってくる可能性は低かった。長男は出来が良く、両親から完璧な跡継ぎとして偏愛されていたのに病死、次男は早くに亡くなった。

可哀そうに十六世は、なぜお前が長男の代わりに死ななかったのだ、という残酷な視線を向けられて、あるいは向けられていると信じて育つ。そんな理不尽な後ろめたさのなか、勉学に励み、大の読書家になったのだから、いつかは父親に見直される時がきたかもしれない。

しかし不運にも、次王になるはずだった父が三十六歳の若さで病死、十六世は幼い王太子として、祖父ルイ十五世の手に委ねられる。鬱《うつ》気味で退屈嫌いの十五世は、女性には興味を示しても、子どもになど関心はない。まして彼の眼に映る孫は、不恰好で貧弱で、態度物腰にも王の威厳の片鱗《へんりん》もなく、嘆かわしいことこの上なかった。

尊大さが高く評価される宮廷においては、まず外見が立派で、エスプリの効いた会話を当意即妙にできることが求められる。どちらも失格だったこの跡継ぎに対する祖父の冷笑は、宮廷全体の軽蔑へと容易に結びつく。未来の王は決して見かけほど愚かではなかったのに、自分のふたりの弟たちからも馬鹿にされるようになり、ひいては彼らの野心に火を点けることにもなった。

王太子はまた、国政会議の場に一度も臨席させてもらえなかった（ポンパドゥールは同席していたというのに）。そのため彼が受けた帝王教育は、扶育《ふいく》官による学問としてのそれが全てとなる。書物によって知る政治が、実務にほとんど役立たないのは当然で、いざ王位を継いでからの十六世の弱気と決断力のなさは――性格的なものに加えて――、そこからもきていたのは間違いない。

王になどなりたくないのに玉座へ座らされた彼は、ますます内へこもるようになる。錠前造りと読書、そして狩猟が三大情熱で、順繰りにそれをくり返していれば不満はないといえるほどだった。自分大好き戦争大好きの十四世から、異常なまでに女狂いの十五世を経て、十六世は「引きこもりオタク」に近い。人まえに出るのは苦痛であり、十五世以上の宮廷儀礼嫌いで、戴冠翌年には王の秘蹟まで中止してしまう。これは、王の手に触れてもらうことで病が癒えるという民間信仰に応える恒例行事だったが、もはや時代の合理精神にあわないという口実のもと、民衆と直接触れ合う機会を閉ざしたのだ。

大きな失政であろう。たとえ王の手を聖なる手と単純に信じる人々は減ろうとも、王権神授の拠《よ》り所から奇蹟の要素を外してしまえば、王の聖性は消え、王朝をつないでゆく意義も薄らぐ。まして十六世は、太陽王のごとき強烈なカリスマ性にも、十五世のような美貌にも恵まれていないのだから、このうえ聖性まで失《な》くしてしまえば、そこに残るのは、明らかに王の器でない、ひとりの凡庸な人間にすぎない。

なぜ周りはサポートしなかったか？　簡単だ。周りもまたいつしか、口先ばかり達者で凡庸な人間の集まりになっていた。ヴェルサイユという檻の中には、腐臭が漂っていた。

不人気な新王夫妻

十六世は王太子時代の十五歳で、一歳年下のマリー・アントワネットを妃に迎えた。ここにおいてブルボン家とハプスブルク家がリンクする（アントワネットについては、『ハプス

豪華絢爛なヴェルサイユ宮殿内、アントワネットのベッドルーム

ブルク家12の物語』参照)。

明らかに彼は結婚に乗り気でなかった。アントワネットが気に入らないというのではなく、早熟だった十五世と違い、まだ子作りに自信がなかったからだ。有名なエピソードが残っている――。

婚姻の晩餐会で、花婿ががつがつ食べているのに呆れた十五世が「今夜はあまり胃に負担をかけるでない」と注意した。すると返ってきた答えは、「なぜです？ 夕食をたっぷり摂《と》ったほうがよく眠れます」。そしてたっぷり眠り、花嫁を落胆させた由。

ここからは、十五世を含む宮廷人の底意地悪さが伝わってくる。ゼウスのごとくおおぜいの愛妾に囲まれるのが、「あらまほしき王の姿」と考える彼らにとっては、可愛らしい花嫁に対してろくに口もきけず、恥じらって食事を詰め込む王太子は、物笑いの種以外の何ものでもなかったのだろう。

子どもが生まれるまでに七年もかかった。アントワネットが責められたが、実際には十六世の臆病のせいで、ちょっとした手術に同意するまでの決断が遅かったからだ。遅かったというより、遅すぎた。この間に妃アントワネットはすっかりフランス風のアンニュイに染まり、やれ仮装舞踏会だ、芝居だ、トランプ賭博だ、宝石だ、衣装だ、と遊びまくり買いまくって評判を落とすし、十六世の弟は、もう跡継ぎはできないものと信じ込み、次の王冠の胸算用に余念がなかった。

アントワネットの長男ルイ・ジョセフと長女マリー・テレーズ

最終的に二男二女（次女は夭折）が生まれたが、十六世の人気は十九歳での戴冠時がピークで、あとはもう下がる一方。そこへさらにアントワネットが足を引っ張った。異国の妃の言いなりで、寵姫も持たず、聖なる務めも果たさない。おまけに太陽王が受けていた騎士的教育や戦場での実戦体験もない、ときては、人々が求める王らしさには程遠い。急速に太りだしたおかげで貫禄がつき、貧弱だ

マリー・アントワネット

ルイ十六世

った外見が少々改善されたのだけは良かったが。

第2章で触れたように、十六世はヒュームの『英国史』を読み、中でもチャールズ一世についての項を研究していた。先代の多大なツケを負わされたこのイギリス王と自分との共通項を感じていたからだが、チャールズのような目に遭わされないためには、彼の取った強圧的手法はやめねばならないというのが結論だった。妥協に次ぐ妥協を重ねたのにはそういう理由もあったのだが、しかし周囲からはそれは単なる弱腰、といっそう侮《あなど》られるだけだった。

革命の孤独と幸福

古来からタナトフォビア（死恐怖症）は、王侯貴族の精神の病として知られる。欲しいものを全て手にした者が陥る、暗渠《あんきょ》のごとき虚脱感からくるもので、ルイ十五世に顕著に見られた。

だが十六世に、それはなかったのではないか。

革命が勃発し、幽閉された王の日々を知るにつけ、なにやらそこにかえって静かな幸福感すらうかがえるほどだ。彼は読書し、狭い庭を散歩し、息子と遊んでやり、たっぷり食事し、ビリヤードをした。

処刑前夜、家族で過ごしたいと願うアントワネットに対し、王はひとりでいたいからと自室へこもっている。翌朝も、会いたがる妻を避け、悠々とひとりで朝食をとってギロチン台への馬車に乗り込んだ。みんなを悲しませたくなかったからとも、悲しむみんなを見たくなかったからとも言われるが、むしろひとりが居心地良かったのではないだろうか。

淡々と死んでいった。

第9章

ユベール・ロベール

『廃墟となったルーヴルのグランド・ギャラリー想像図』

（一七九六年、油彩、ルーヴル美術館、一一五×一四五cm）

公共美術館のたたずまい

太陽王ルイ十四世は宮廷をパリからヴェルサイユへ移したが、だからといってこの小村を都市化しようとしたわけではない。引越しから革命までほぼ一世紀たっても、ヴェルサイユの町自体はさして大きくならず、単に立派な宮殿があるというだけだった。場違いに派手な移動サーカスが、田舎町で営業しているみたいに。

他方、パリに捨ておかれた公式宮殿ルーヴルだが、王宮としては寂《さび》れてもアカデミーは依然として残り、美術の中心ではあり続けた。やがて十五世治世ころからの啓蒙思想の流れのなか、民衆を教化するため王家のコレクションを公開せよとの要求が強まり、一時的だがリュクサンブール宮殿での絵画展が実現した。そこからさらに思想家ディドロらによる、ルーヴルを美術館にしてはどうかとの提唱が出て、ルイ十六世が実現に向け動き出す。その矢先に革命が勃発したのだった。

王権は停止し、王家の品々は国有化されたが、革命政府のもとでルーヴルの美術館化プロジェクトは続行される。一七九三年、ルーヴル内の巨大通路グランド・ギャラリーでの作品展示という形で、ルーヴル美術館はオープンした。

このギャラリー改築に、画家ロベールも革命前から関わっており、革命後は絵画コレクシ

『ルーヴルのグランド・ギャラリー改革案』（1796年）

ョン責任者となった。一七九六年、彼がサロンへ出品した二作が評判を呼ぶ。ひとつは、未来の公共美術館がどれほどすばらしいものになるかというイメージを具体的に知らしむるための『ルーヴルのグランド・ギャラリー改革案』、もうひとつが本作『廃墟となったルーヴルのグランド・ギャラリー想像図』である。

当時はイタリアのポンペイ遺跡発掘の影響から、知的階級の間で廃墟や古代に対する嗜好が強まっていた。またロベール自身も長くローマで学び、多くの遺跡画を描いて「廃墟のロベール」とあだ名されたほどなので、こうした作品が生まれたこと自体にさほどの不思議はない。

にもかかわらず人々の衝撃は大きかった。それはやはり、ＳＦ的幻想を駆使した舞台がパリの、他ならぬ旧王宮だったという点にあろう。前々年にはテルミドール反動（第11章参照）が起こって、新生フランスの行方も混沌《こんとん》としていたから、この絵のような事態にならないという保証は何もなかった。現代人が「9・11事件」の映像を見た時と、いくぶん近いといえようか。

廃墟という名の栄光

――画面上部は明るい青空だ。ガラス天井は全て割れ落ち、屋根の残骸には雑草が生い茂る。太い円柱は錆《さ》び、奥には火を焚《た》いて暖をとる者がいる。壁に掛かっていたはずの絵画はもう一枚もなく、壊れた壺や彫像があちこちにころがっている（右下に見えるのは、ミケランジェロの有名な『瀕死《ひんし》の奴隷像』）。ただ一点だけ、無疵《むきず》で残った『ベルヴェデールのアポロン像』が画面中央に屹立《きつりつ》し、その前でひとりの画家がスケッチしている。芸術の永続性を示すかのように……。

ロベールは、自らの生きている新時代もまた、古代と同じく崇高だと讃えるつもりだったのか？　そのように見せて、実は違うのかもしれない。なぜなら彼は心情的には王党派だった。ルーヴルの美術館改造許可をルイ十六世から得たためもあり、革命後いっとき投獄されたことがある。亡命した女性画家ヴィジェ・ルブラン（数多くのアントワネット像で知られる）とは交友関係にあり、革命前年、彼女から肖像を描いてもらっている。

廃墟は過去の栄光なくしてありえない。いや、正確には、その栄光の記憶なくしてはありえない。

ロベールがルーヴルを廃墟として提示したのは、（まだ見ぬ）美術館というより（かつての）王宮の、ひいては王政の、その終焉に――十六世の息子ルイ・シャルル死去の報は、本作制作中だった――、万感胸迫ったがゆえではなかったか。古き良き時代への愛惜として。

ブルジョワジーの勝利

さて、フランス革命だが、虐《しいた》げられた貧しい民衆による王政への自然発生的な異議申し立て、というわけでは必ずしもなく、典型的なブルジョワ革命、即ち新興勢力による国権掌握の戦いというべきだろう。

当時のフランスの総人口、およそ二千三百万、そのうち第一身分たる僧侶（高位僧侶は全て貴族出身）が十二万、第二身分たる貴族が四十万、このふたつが特権階級を形成して直接税を免除され、地位名誉を独占していた。他は皆、第三身分である。だが第三身分の中からすでに金融や商業の分野で巨富を得た大ブルジョワジー（十五世の寵姫ポンパドゥールの出身がまさにこれ）が力をつけていたし、農村部にもある程度の富農層が育ちつつあった。

先代からの赤字に加えてアメリカ独立戦争援助などで資金繰りに悩んだルイ十六世が、特権階級への課税を目論《もくろ》んで頓挫《とんざ》したのは、貴族たちが頑強に反対したためだ。それどころか彼らはこれをきっかけに逆襲し、王権を制限すべく三部会の召集を要請、十六世に認めさせた。ところがここから案に相違して、貴族は主導権をブルジョワジーに奪われてしまう。

こうして貴族の反抗から出発した小さな雪玉が、坂をころげるにつれ大ブルジョワジーに呑みこまれ、そこへ法律家や商人、自由業者といった小ブルジョワジーが加勢し、ついには凶作に飢えた庶民や農民までもがいっしょくたになって膨れ上がり、雪崩《なだれ》と化して王政を葬り去ったのだ。

近隣諸国は震えあがる。

単なるブルボンのお家断絶なら王朝が交代するだけのことだから気にしないが、絶対王政そのものの崩壊となれば話は別だ。明日は我が身である。

各国の君主たちは危機感を募らせ、何としてもこの由々しき事態に対処せねばと、裏から手をまわして革命軍を根扱《ねこ》ぎしようとした。

＊　＊　＊

革命前後の動きについて、少し年代を追ってみよう。

一七八〇年

□アントワネットの母マリア・テレジア女帝死去。オーストリア・ハプスブルク家は支柱をなくす。

一七八五年

□「首飾り事件」（アントワネットの名を騙《かた》った詐欺事件）発生。王妃とは全く無関係と証明されたにもかかわらず、反体制派はこれを最大限に利用した。スケープゴートとしてのアントワネットの役割が決定的となる。

一七八六年
□プロイセンのフリードリヒ大王死去。ヨーロッパを抑《おさ》えてきた強力な絶対君主が、またひとり（テレジアに続いて）欠けてしまった。

一七八七年
□フランスとロシアの通商条約締結。

一七八八年
□夏に雹《ひょう》の降る異常寒波で、人々は飢饉に苦しんだ。イギリスの農学者ヤング、フランスの田舎を視察して農業の前近代性と農地の荒廃を指摘。その言葉を裏書するように、農民暴動が頻発する。
□スペイン・ブルボン家のカルロス四世、即位。実権は王妃マリア・ルイサとその愛人ゴドイが握っていた。
□イギリスのジョージ三世、精神に異常をきたす。遺伝性の疾患はもとより、アメリカの独立など国際情勢の不安定さからきたストレスも、発病の一因といわれる。

バスティーユへ押し寄せる民衆

一七八九年
□バスティーユ陥落。ルイ十六世と臣下の会話――「バスティーユの司令官が殺害され、首が槍先に刺されてパリ中にさらされております」「それは反乱ではないか」「いいえ、陛下、革命です」（ツヴァイク『マリー・アントワネット』より）。
□フランスに刺激され、ドイツ、スイス、ポーランド、イタリアなど各地で反乱が起こるが、鎮圧された。

一七九〇年
□アントワネットの最後の頼り、兄のヨーゼフ二世、死去。弟レオポルト二世が即位。

アントワネットの実兄弟レオポルトとヨーゼフ

エカテリーナ女帝

□王権強化の必要性を感じたロシアのエカテリーナ女帝、農奴制を批判した思想家ラジーシチェフをシベリア送りにする。

一七九一年

□ルイ十六世一家のヴァレンヌ逃亡、失敗。このとき直接手助けをしたのはスウェーデンのフェルゼン（アントワネットの恋人）だが、彼が用意した偽パスポートは「ロシア貴族コルフ男爵一行」。ロシアの援助があったとわかる。

▫王家の逮捕について、エカテリーナ女帝が「全ヨーロッパの君主に対する重大な侮辱」との声明を発表。

▫ローマ教皇ピウス六世、フランスの人権宣言を非難する。

▫レオポルト二世とプロイセン王フリードリヒ・ヴィルヘルム二世による、共同声明、「ピルニッツ宣言」。これは王家支援および武力干渉を各国に呼びかけたもの。ロシアとスペインは軍資金提供。ロシアはまた、イギリスに好意的中立を求めた。

▫スペインはひそかに革命派の買収工作をおこなう。

一七九二年
▫レオポルト二世、突然死。この時期なので暗殺の疑いあり。息子フランツ二世、即位。彼にとってアントワネットは、顔をあわせたこともない遠い伯母にすぎない。
▫フランス王家を支援し続けてきたスウェーデンのグスタフ三世、仮面舞踏会のさいちゅうに背後から銃で撃たれて死去（後世、ヴェルディのオペラ『仮面舞踏会』のモデルとなる）。

□パリの民衆、王家が蟄居するチュイルリー宮を襲撃。議会は王権停止を宣言。共和政が成立。

□王一家、タンプル塔に幽閉。

一七九三年

□革命裁判でルイ十六世の死刑、確定。一月、処刑。ギロチン台にのぼった王は、集まった群衆に何か言おうとしたらしいが、居並ぶ兵士たちの小太鼓連打にその声はかき消される。

ギロチンにかけられるルイ十六世

□処刑の報を聞いたエカテリーナ女帝は「泣いた」と伝えられるが、その一方で、オーストリアがフランスに手一杯なのをいいことに、プロイセンと組んで「第二次ポーランド分割」（要するに小国の土地を分捕った次第）をやってのけ、海千山千ぶりを示す。フランスからの報道を規制、通商条約も破棄。

□スペイン、オーストリア、オランダ、イギリス、プロイセンなどが対仏同盟結成。アメリカの初代大統領ジョージ・ワシントンは、対仏戦争での中立を宣言（独立戦争を支援した十六世にとっては虚《むな》しいことだ）。

ロアントワネット、子どもたちと引き離され、コンシェルジュリ監獄へ移送。裁判で死

1793年、アントワネットが幽閉されたコンシェルジュリ監獄

ルイ・シャルル（ルイ十七世）

刑、確定。十月、処刑。王の時と比べて、各国の反応は鈍かった。

一七九五年

□夏。

タンプル塔で十歳のルイ・シャルル（ルイ十七世）、死去。長く身代わり説が唱えられてきたが、二〇〇〇年、ＤＮＡ鑑定により、間違いなくフランス王子だったと証明される。

□冬。

ルイ・シャルルの姉マリー・テレーズ、人質交換で母アントワネットの故国オーストリアへ帰される。両親の死を初めて知らされ、卒倒したという。

第10章
ゴヤ『カルロス四世家族像』

（一八〇〇〜〇一年、油彩、プラド美術館、二八〇×三三六㎝）

首席宮廷画家ゴヤによる、スペイン・ブルボン家四代目、カルロス四世とその親族たちの姿である。

「ベラスケス、レンブラント、自然——それが自分の教師」と公言していたゴヤは、制作にあたり、百五十年前のベラスケス作品『ラス・メニーナス』(『ハプスブルク家12の物語』参照)を強く意識し、巨大キャンバスを前に画家本人がこちらを見ているという構図を借用した。

だが両者の何という違いだろう。

ベラスケスが王族やそれに直接仕える者たちの自尊、そして近寄りがたい威厳を、奥行きある大空間いっぱいに漲《みなぎ》らせたのに対し、ゴヤがずらずら記念写真的に並べた彼らの顔や表情は、どれひとつとして煌《きら》びやかな衣装につりあうものではない。フランスの作家ゴーティエの感想——「富籤に当たった、町のパン屋一家のようだ」——が有名なのは、多くの人々の胸にすとんと落ちるからではないか。

天才の筆がはからずも抉《えぐ》りだす、堕落した宮廷、メッキの剝《は》げた権威、王朝の終わりの予感……。

スペイン・ブルボン家のはじまり

時計を巻きもどそう。

第5章で書いたように、十八世紀初頭、ブルボンはハプスブルクからスペインの王冠を奪い取る。ルイ十四世の孫であり、ルイ十五世には叔父にあたるアンジュー公フィリップが、十七歳でフェリペ五世として、スペイン・ブルボン家の開祖となった。

太陽王から、「良きスペイン人であれ。されどフランス人たることを忘れるな」と激励を受けて送り出された青年王は、いつまでたってもスペインになじめなかった。ヨーロッパ一華麗なヴェルサイユ宮殿で生まれ育った彼の眼に、おちぶれたスペインは辺境の片田舎にしか映らない。宮廷でのカタロニア語使用を禁じ、スペインへの悪口《あっこう》雑言を吐き、フランス人芸術家たちを呼び寄せて、せめて周囲の壁なりをフランス宮廷風絵画に飾り代え、心を静めようとするが……だめだった。

王朝交代による陰謀渦巻く異国の宮廷で、フェリペ五世の神経は次第に変調をきたしてゆく。ついに四十一歳のとき退位を決め、十六歳の長男に王位を譲ったのだが、なんたる不運、息子はその年のうちに病を得て急死してしまう。再びかぶらねばならなかった王冠は、前よ

『ファリネッリの肖像』（ジアキント画、1753年）

りさらに重くなっていた。
五十代にさしかかり、もはや重い鬱病の治る見込みはなく、このまま狂気へまっしぐらかと思われたころ、たまたまマドリッドへ招かれていた人気絶頂のイタリア人カストラート（去勢歌手）、ファリネッリの、天上的な歌声を聴いた。王はここに治癒の道があると直感する。今で言う音楽療法だ。

こうして「神はただひとり、ファリネッリもただひとり」とヨーロッパ中のオペラ座が熱狂していた大歌手を、フェリペ五世は金に糸目をつけず、夜ごとの子守唄係として囲い込む。いわば生ま身のマイケル・ジャクソンかパヴァロッティをCD代わりに独り占めするようなもの（音楽は生演奏でしか聴く手だてのない時代なのだ）。おかげで王の神経はいくらかやわらいだ。

やがてファリネッリは、舞台にこそ立たなかったが、作曲やオペラ演出によってマドリッド音楽界を牽引する役目を果たすとともに、宮廷人として次の王の代まで二十年にわたって仕えた。彼がスペインを去ったのは、三代目のカルロス三世が、「去勢されたものは食卓の鶏しか認めない」と口に出すカストラート嫌いで、居心地が悪くなったせいだ。故郷ボローニャで晩年を過ごしたが、なおその時にあっても名声は衰えず、各国から来訪者は絶えなかった（アントワネットの兄ヨーゼフ二世まで、ファン気質丸出しで会見を申し込んでいる）。

フェリペ五世は六十三歳で逝去した。息子がフェルナンド六世として即位するが、治世期間は短く、しかも子どもができなかったので、王位は腹違いの弟カルロス三世へ移った。

この新王は歴代でもっともまともで、啓蒙君主としてスペインの国力を――大きくとは言えないまでも――かなり回復させた。マドリッドの都市整備もおこない、その一環としてプラド（「牧場」の意）の建設に着工している。ただし彼の関心はもっぱら自然科学にあり、ここを博物館にするつもりだった（プラド美術館としてのオープンは、彼の死後）。

カルロス三世（メングス画、1761年）

ゴヤを宮廷画家に任じたのもカルロス三世である。またナポリ王も兼任していたことから、ポンペイ遺跡の発掘も命じている。これはしかし学術調査というより大規模な盗掘だと非難されたあげく、ローマ教皇に中止を求められてしまった。

ドイツのプリンセスを妃にして十三人の子を生《な》し、うち七人が成人した。長男は知的障害があったため、次男を王太子（後のカルロス四世）としたが、こちらのおつむもそれほどのものではなく、ただ体が教会の釣鐘《つりがね》なみに頑丈なだけだった。落胆した三世は、事あるごとに「なんておまえは馬鹿なんだ」と嘆いたという。もしかすると父王からそう貶《けな》され続けたせいで、息子はいっそうダメ人間になったのかもしれない。

父王と妃の陰で

王太子十七歳の時、花嫁が来る。三つ年下の従妹《いとこ》、マリア・ルイサだ。彼女の父親はカルロス三世の弟、母親はルイ十五世の娘、祖父はフェリペ五世である。申し分ないブルボンの血をひき、申し分ない近親婚という次第。

後に「スペイン史上最悪の王妃」と異名をとるマリア・ルイサだが、結婚したての十四、五歳の潑剌《はつらつ》たる肖像（画家メングス）を見ると、これが三十数年後には、ゴヤによって潰れた蟇蛙《ひきがえる》さながらの顔に描かれてしまうのか、としみじみ物思わざるをえない。「ビフォー・

『カルロス四世家族像』（部分）の中のマリア・ルイサ

若き日のマリア・ルイサ（メングス画、1775年）

アフター」の間隙《かんげき》にいったい何があったのか。

結婚が決まった時、王太子は力自慢もどこへやら、すっかり取り乱し、女性をどう扱っていいかわからないと弱音を吐いて、父王に一喝されている。何しろ王太子は狩猟と時計いじりが大好きで、それさえやっていれば他に何もいらない。夫婦の間に子どもができたのは、結婚して七年目のことだった。

——どこかで聞いたような話だが……。

そう、ルイ十六世とマリー・アントワネット、カルロス四世とマリア・ルイサ、同時代のこの二組のカップルは、天が悪ふざけしたかのようにそっくりなのだ。

アントワネットとマリア・ルイサの誕生はわずか四年違い。ともに名門出身、十四歳で王太子と結婚、なかなか子どもができず、夫というのが悲しいまでに男性的魅力に欠け、指導力もなく、女性には無関心、周囲からは軽んじられていた。何より彼らの趣味が（狩猟はどの王侯も好んだから別として）、フロイト的心理分析の恰好のモデルになりそうな、ちまちました手仕事ときては、生きる喜びにあふれた彼女たちには幻滅もいいところであったろう、またたく間に宮廷の汚濁《おだく》にまみれ、遊び好き宝石好き衣装道楽へと堕してゆく。

しかしスペイン組はフランス組に比べ、はるかに運が良かった。理由のひとつとして、先王に力があり、なおかつ長生きしてくれたことが挙げられる。ルイ十六世の戴冠は十九歳だが、カルロス四世は四十歳。父王が君臨している限り王太子に失政の心配はなく、ぼんくらとは言われても憎まれはしなかった。

一方、王太子妃マリア・ルイサは、亡くなった王妃の代理として早くから舅《しゅうと》のもとで公務をそつなくこなし、気に入られていた。おかげで彼女は増長し、夫の鼻面を引き回すようになった——そう非難する者もいるが、どのみちカルロス四世は王冠をかぶったからといって、政治をする気などなかった。王になるなり、狩猟の回数を増やしている。

ありのままを写し出す

ゴヤの肖像画をもう一度見てほしい。

画面左奥の薄暗がりに、キャンバスを前にした画家本人がいるのは先述したとおり。これはベラスケスを気取っているのはもちろん、王族の人数が十三という不吉な数なので、自ら登場してひとり増やしたとも言われている。

主役は、真ん中にきんきらきんで立つ王妃マリア・ルイサだ。すでに子どもを十四人も産んでおり、そのうち二人――両脇にいる末娘と末息子――は、王とではなく、はるか年下の愛人ゴドイとの間にできた子と噂されていた。一癖ありげな、品位のかけらもない不器量な女、という描かれ方に、なぜクレームをつけなかったかは謎だ。そっくりなので満足した（ないし我慢した）との説もあるが、とうてい承服しがたい。ゴヤは何枚も王妃の肖像を描いており、これほど容赦ない表現は初めてなのだ（そしてこれが彼女を描いた最後となる）。

マリア・ルイサから一人おいた隣に、燦然《さんぜん》たる勲章を胸に付けたカルロス四世が太鼓腹を突き出している。「なんておまえは馬鹿なんだ」と叱責する父はとうにこの世になく、玉座を得て十二年ほど経ち、政務は全てゴドイ（王妃の寵愛によって軍人から宰相に成り上がり、おぼつかない手つきで国の舵取りをおこなっていた）に丸投げしていた。このころすでにフ

戴冠まもないフェルナンド七世（1814年）

ランス側のカップルは革命でギロチン台送りになっていたから、それに比べれば太平と思ってか、緊張感はない。

だが不満くすぶる若き王太子（後のフェルナンド七世）が、画面左から二番目に立っている。両親を嫌い、母の愛人が牛耳る宮廷で反対派を形成しつつあり、民衆に人気が高かった。もっともこれまた「ビフォー・アフター」で、一八一四年、ゴヤ描く戴冠まもないフェルナンドのイメージの、なんたる激変ぶり。

かつて彼の最初の妃が、実母宛ての手紙にこう書いた、「鈍感で、何もせず、嘘つきで、卑しくて、腹黒く、（中略）読まず、書かず、考えず、要するに無です」。それをそのまま絵にしたかとさえ思われる。

ゴヤほどの力量であれば、いかようにも人物の理想化はできた。だがしなかった。そして彼らもまたそれに対し、描き直しの要求をしていない。絶対主義の終焉にくると、どの宮廷も似たりよったりで箍《たが》がゆるみきっていたが、少なくとも他国の場合、上辺だけはもっともらしく繕い、肖像画においても、あるがままの姿にありもしない「あらまほしき」オーラを重ねることを求めた。カルロス四世の家族は、もはやそれすらどうでもよくなっていたのだろうか。ある意味、体面もかまわなくなったということかもしれない。

大丈夫なのか、スペイン・ブルボン。そう心配（？）になるが、もちろん大丈夫なわけがない。

ナポレオンによる王族追放

本作が描かれてまもなく、世界制覇をもくろむナポレオンが、スペインへの野望を露《あら》わにしはじめる。そしてこの時とばかりナポレオンを引き入れたのが、誰あろう、フェルナンド王太子その人だ。いわば親を売ったのだ。

マリア・ルイサは怒り狂い、フランス軍の面前で息子を「この私生児！」と罵ったとされる。この真偽定かならぬエピソードが伝えようとするのは、彼女の派手な男遊びとコキュにされた王への嘲笑《ちょうしょう》である。

カルロス四世は退位し、妻子やゴドイや金銀財宝を山ほど馬車に積んで国を出た。マリ

ゴドイの肖像（ゴヤ画、1801年）

ア・ルイサは長い亡命生活を共にする自分たちを「地上の三位一体」と称し——傍《はた》から見れば「無能な夫、口やかましい妻、女たらしの愛人」という腐れ縁にすぎないが——、わりあい長生きして六十七歳の時、イタリアで風邪をこじらせ、ゴドイに看取《みと》られて死去。アントワネットに比べれば、ずいぶん幸せな晩年といえた。廃位された王は妻の死に打撃を受け、半月もせず後を追ったが、ゴドイはなおそれからも三十二年間、ロンドン万博年まで生き延び、回想録を書き、パリで死んでいる。

　他方、父王を追放してフェルナンド七世となった息子は、意気揚々とナポレオンとの会見にフランスへ赴き、たちまち拘束されてしまう。もとより皇帝は王家を内部分裂させることが目的で、フェルナンドごときに王冠をかぶらせておくつもりなどなかった。さっそく自分の兄ジョゼフを、ホセ一世としてスペインへ送り込む。

　ここから民衆による反フランス運動（ゴヤの傑作『マドリッド一八〇八年五月三日』がよ

く伝えている）がはじまり、人々は我らが王、フェルナンド七世を返せと叫ぶわけだが、思えばその王もブルボンの人間であり、スペインの血など一滴も入っていないのだから妙な話だ。

五年後、ナポレオンが失脚すると、しょせん弟の威《い》を借りていただけのホセ一世も逃げ出して、フェルナンド七世は再び玉座に返り咲く。先にあげた、ゴヤによる赤いケープの単独肖像画は、そのころ描かれたものだ。カムバックした王はさっそく復讐に取りかかる。せっかくホセ一世が中世的野蛮として禁止した異端審問所を再開し、裏切り者（と自分で思い込んだ）人間たちを次々火炙《ひあぶ》りにしてゆく。絶対王政への反対者をことごとく弾圧し、中には独立運動に功績のあった者まで処刑した。フランス軍がいた時以上の残虐にさらされたスペインは、血の海となる。人々はようやく気づくのだ、フェルナンド七世が自分たちの期待と全く違ったということに。

スペイン現代史へのつながり

スペインのこの不幸なありさまを見る時、思い出されるのはイソップ童話『王様を欲しがる蛙』の話である。

池の蛙がゼウスに王様をくれとせがむ。ゼウスが丸太を投げ与えると、水しぶきに驚いた蛙どもは、最初こそおとなしくしていたものの、次第に慣れ、丸太によじ登って馬鹿にする。別の王様をくれ、とまた頼むので、今度はゼウスはウナギを与える。気のいいウナギがぬらくらしていると蛙はまたも馬鹿にして、もっと別の王様をと騒ぎ出す。そこでゼウスはアオサギを送る。アオサギは毎日、好物の蛙を喰い、ついに池には一匹の蛙もいなくなってしまった……。

フェルナンド七世は男児を遺せず、三歳の娘をイサベル二世とした。おかげでまたも継承問題が起き、女王は亡命、イタリアから新王が来たかと思うとクーデターで退位、イサベル女王の息子アルフォンソ十二世が即位、そのまた息子の十三世に続くが、今度はフランコ独裁政権がはじまる。

このあたりへ来るともう現代史である。周知のようにスペインは今、立憲君主制だ。現国王フアン・カルロス一世はアルフォンソ十三世の孫なので、遠くブルボンへつながっている。

第11章
ダヴィッド『ナポレオンの戴冠式』

（一八〇七年、油彩、ルーヴル美術館、六二一×九七九㎝）

革命の大混乱

一七八九年八月、国民議会は人権宣言を採択した。人類の理想を高らかに謳《うた》いあげた、「人間は生まれながらにして自由で、権利において平等である」を含む十七条だ。続いて一七九二年には国民公会が召集され、王政廃止と共和政樹立が宣言される。

革命は一見、順調に進展しているかに見えた。

だが宣言だけでパンの価格高騰が抑えられるわけもない。相変わらず各地でパンをよこせの暴動が頻発した。王と王妃の首を刎ねても、幼い王位継承者は――独房に放り込んであるとはいえ――まだ生きているし、亡命したルイ十六世の弟ふたりは他国の王族たちを焚きつけていた。周囲は敵だらけ。嵐の海に漕《こ》ぎだした小舟さながら、フランスは大揺れに揺れ続ける。

そこへもってきて内ゲバだ。

先述したようにこの革命は、新興の産業資本家たる大ブルジョワジーが主体となって始めたもの。彼らは自分たちの利害第一だったから、王政を倒すにあたって協力してくれた民衆や農民の権利を忖度《そんたく》する気はなく、ジロンド派として右へ右へと寄ってゆく。左にはジャコバン派がいて、最初は何とかブルジョワジーと民衆の仲立ちをしようとしたのだが、決裂。

ついにロベスピエールを中心としたジャコバン派がジロンド派を追放し、独裁体制に入った。ところがまもなくジャコバン派の中で、さらなる内ゲバが発生する。昨日の友は今日の敵、もともとの敵よりさらに憎さも憎し、というわけで、ロベスピエールはダントンら右翼とエベールら最左翼を次々粛清、世に言う恐怖政治の幕開けとなった。ギロチンの刃は以前にも増して血を吸い続ける。そしてこのことはロベスピエールの力を強めるどころか、かえって弱める結果となった。とうぜんであろう。自派の右端と左端を削ってしまえば、支持層は薄くなる。

ジャコバン派を率い恐怖政治を敷いたロベスピエール

そこを突いてジロンド派がクーデターを起こし（これが「テルミドール反動」）、今度はロベスピエールがギロチン台へ送られた。

なんという目まぐるしさか。この間には、ルイ十六世とアントワネットの息子、ルイ・シャルルが、独房の中で残酷にも放置死させられてもいる。王政廃止宣言からここまで、わずか二年足らずの出来事である。

革命の方向は決定的に右を指す。ブルジョワジーが

――自らを民衆と切り離し――支配権を握ったわけだが、しかしまだ地盤は堅固といえない。ジャコバン派の生き残りが民衆を煽っていたし、それに乗じて亡命貴族たちによる王党派の動きも活発化する。ルイ十六世の弟プロヴァンス伯は、自らは安全圏にいてルイ十八世を名乗り（ルイ・シャルルをルイ十七世とした）、ブルボン復権を虎視眈々《こしたんたん》と狙っていた。

ブルジョワジーは、武力で身を守る必要を痛感する。それには軍隊しかない。軍隊の指揮官といえば、今や北イタリアを制圧して国民的英雄に祭り上げられている実力派、コルシカ島出身のあの男、ナポレオン・ボナパルトだ！

英雄の野望

こうしてナポレオンが、真打ち登場の趣でもって、歴史の表舞台へ悠々と姿をあらわす。間違いなく彼は「革命の子」だった。王の将軍たちは亡命し、革命政府は互いを潰しあい、大物を欠いた混沌あればこそ、のし上がることができた。しかも飼い犬になる気はなかったから、一七九九年にはブリュメールのクーデターで全権掌握、ロベスピエール以上の独裁者となったあげくに、一八〇四年、皇帝ナポレオン一世として戴冠する。

王ではなく「皇帝」の称号にしたのは、複数の王を束ねるのが皇帝とされていたこともあるが、何より自分はブルボン王朝を引き継ぐ「フランス王」などではなく、「フランス人民の皇帝」だとアピールするためだった。もちろん詭弁《きべん》であることは本人も承知だ。支持基盤はブルジョワジーや富裕な土地所有農たちであり、強力な軍事政権のトップという自己矛盾を抱えていた。そのうえ子々孫々を玉座に座らせようというのだから、新たな王朝の開幕以外の何ものでもない。人権宣言の「平等」はいったいどうなる?

『アルプスを越えるナポレオン』(ダヴィッド画、1801年)

幻滅した同時代人は多い。まず実母が大反対し、我が子の戴冠式を欠席する(見上げた女傑ではないか)。

ベートーヴェンも怒った。「彼もただの人間にすぎなかった。これからは己の野心のため全人権を踏みにじり、専制君主となるだろう」、そう言って、ナポレオンに捧げるつもりだった交響曲第三番の表題を、「ボナパルト」から単に「英雄」へ変えた。スタンダールは、「革命の子をやめ、ふつうの君主になりたがった」と非難した。スペイン旧家出身で南米カラカス(現ベネズエラ)生まれのボリバルも、戴冠式には出たが新皇帝の反動化を目の当たりにして南米へもどり、独立運動に身を捧げ、ボリビアの(王ではなく)大統領になった。

ナポレオンには、皇帝にならねば国を平定できない、との危機感もあったであろう。しかし間違いなくそれ以上に、男としての野望が勝った。この時代、王政意識に捉われないでいられるのはそう容易《たやす》くはなかったのだ。

旧体制を嫌って新大陸へ渡り、イギリスからの独立を戦い取ったはずのアメリカ人にしてからがそうだったことは、初代大統領ジョージ・ワシントンに部下の将校グループが、「君主」になってほしいと懇願したことからもわかる。ワシントンは怒りも露わに、「これほど不快な気持ちになったことはない」「同様な意見を二度と口にしてほしくない」と手紙で断っている。だがもしこのとき彼が、少しでもナポレオンのような考え方を持てば、合衆国のあり方も今と違っていた可能性はなきにしもあらず。

「偽り」をはらんだ戴冠式

さて、「コルシカの成り上がり者」の戴冠式だ。パリのノートルダム寺院、招待客二万人、五時間かけた華麗なる式典。

これを三年かけて描きあげたのは、かつてのジャコバン党員ダヴィッドだった。ルイ十六世処刑に賛成票を投じ、ギロチン台へ運ばれるアントワネットを道端でスケッチし、王侯貴族を憎悪していたダヴィッドだが、ナポレオンが皇帝になることには、何ら抵抗はなかったとみえる。首席画家として召し抱えられ、皇帝のためにプロパガンダ絵画をつぎつぎ生み出してゆく。

常日頃、「大きいものは美しい。多くの欠点を忘れさせてくれる」と言っていたナポレオン（本人は小柄）なので、この記念碑的大作には、さぞかし満足したであろう。いかに巨大かは、絵を床に置いてみればわかる。六〇平方メートル弱、つまり2DKのアパートなみの広さになる。手前の、背を見せて立つ男性たちは実物よりはるかに大きく、どれも二メートルを超す。

月桂冠をかぶった、スリムで背が高くハンサムな（盛大なる美化！）ナポレオンが、愛妻ジョセフィーヌに宝冠をかぶせる瞬間だ。画面左上の高みから、天上の光が斜めに新皇帝へと降り注ぎ、神に祝福された栄光をほのめかす。

実際の戴冠式は、これほど荘厳とは言いかねた。画面中央の貴賓席に腰かけ、真正面を向

戴冠式（部分。右の赤いマントの人物がタレーラン）

いているのはナポレオンの母だが、先述したように、息子の過ちを見抜いた彼女はほんとうはこの場にいなかった。

また、皇帝のすぐ後ろにポーカーフェイスの教皇ピウス七世がいるが、腹の中は煮えくり返っていたであろう。ローマから呼びつけられながら、戴冠の儀を行なわせてもらえなかった。というのもナポレオンは、自らが自らに戴冠して、教皇の神権を否定するというパフォーマンスをやってのけたからだ。

前列右端に、赤いマントをはおって薄笑いする外相タレーランがいる。この三年後には早くもナポレオンに見切りをつけ、ルイ十八世の帰還を画策し、後の「ウィーン会議」ではフランス代表として、正統主義、即ち旧体制たる王政を良しと主張することになる、煮ても焼いても喰えない策士の姿だ。

ジョセフィーヌはといえば、人生の絶頂にありながら不安を覚えていた。もはや自分には子を産む能力はない、ナポレオンはこの先、世継ぎを生《な》せる女性に乗り換えるのではないか――この予感は的中し、五年後には離縁されてしまう。ナポレオンが名門ハプスブルク家のプリンセスを強引に妻とし、自らの王朝に箔をつけようとしたからだ（この再婚については『ハプスブルク家12の物語』参照）。

新皇帝の変転

絶対王政が長く続き、がちがちに階級が固定してしまうと、一介の少尉から皇帝に「成り上がる」ことはできても、それを維持してゆくのは、いかな天才でも並大抵ではない。ナポレオンはヨーロッパ征服によって、権力の不動化を図るしかなかった。そしてそれゆえに破滅する。

間断ない戦争で最初は勝ち続け、兄弟たちをそこここの王位につかせた（前章で書いたように、スペインでは兄をホセ一世にした）。後半は負け続ける（ロシア戦線などはほとんど全滅だった）。帝政期のフランスの人口、およそ三千万、そのうちナポレオン戦争で死んだ兵士の数は百万と言われる。呆れるばかりの人的損失だ。他国はおろか自国でも、怨嗟《えんさ》の声があがるのは必然だった。

勝てなくなったナポレオンはエルバ島へ流され、戦後処理のウィーン会議で、ブルボンは命を吹き返す。

ルイ十八世が、実に四半世紀近い亡命生活の後、八頭立ての馬車でフランスへ舞い戻り、玉座へつく。王政復古である。かくも大量に流されたあの革命の血は、いったい何だったのかという展開ではないか。徳川の大政奉還を知る身には、驚きとしか言いようがない。いや、それともむしろ日本の無血革命のほうが、よほど異常だったのだろうか……。

五十九歳のルイ十八世は――タレーランに言わせれば「恩知らず」で「嘘つき」で「何ものも忘れず、何ものも学ばず」だそうだが――、どうやら古き良き時代、ロココの過去へひともどりできると考えたらしい。ナポレオン軍の将校らを馘首《かくしゅ》したり減給するかたわら、実戦経験のない亡命貴族たちを六千人も近衛兵《このえへい》や将軍にとりたてた。またまたまたフランスは不穏な空気に包まれる。新王への大ブーイング、ナポレオンへの懐旧と、人の心の変わりやすさよ。

エルバ島に残るナポレオンの邸宅

パリへ帰還の途中、兵士たちに熱狂的に迎えられるナポレオン

エルバ島の元皇帝はほくそ笑む。不満分子は国の至る所にいた。追放されて一年もたたず島を脱出した彼は、次第に膨れあがるシンパを引き連れ、途中、一度の発砲もなしにパリへと北上する。

この時の新聞記事の変遷が、情けないやら可笑《おか》しいやらで、「怪物、流刑地を脱出」に始まり、「コルシカの狼、カンヌへ上陸」「王位簒奪者、グルノーブルへ入る」「専制皇帝ボナパルト、リヨンを占拠」「ナポレオン、フォンテーヌブローへ接近」、最後は「皇帝陛下、明日パリへご帰還」ときたものだ。

百日天下の終わり

その皇帝陛下が十四ヵ月ぶりにチュイルリー宮へ足を踏み入れた時、ルイ十八世はとっくに雲隠

ルイ十八世（ゲラン画）

れしていた。プロヴァンス伯だった昔、兄一家のヴァレンヌ逃亡と同日、別ルートでまんまと国境を突破したのを見てもわかるように、逃げ足は速い。ロンドンで身を縮めた。

だがその後、時に利があったのはルイ十八世のほうで、ナポレオンではなかった。イギリスやドイツを中心にした連合軍がワーテルローでナポレオンを撃破、さしもの英雄も運が尽き、世に言う「百日天下」は終わる。あとはセント・ヘレナ島へ流され、五十一歳で息をひきとるばかり。功罪あわせもつ一大ロマンは閉じられた。

再び王冠をかぶった（何のロマンもない）ルイ十八世は、ギロチンやナポレオンの歴史から「何ものも学ばず」、革命前の大貴族らへの優遇をやめなかったものだから、今度はメデュース号事件を引き起こしてしまう。

これは、西アフリカの植民地へ兵士や移住者を運ぶメデュース号艦長が元亡命貴族で、絵に描いたような無能、艦を座礁させたあげく自分たちだけさっさと救命ボートで逃げ、平民

『メデュース号の筏』（ジェリコー画、1819年）

一四七人をありあわせの筏《いかだ》に打ち捨てたというもの。炎天下、水もなく十五日間も漂流した彼らは、病死や餓死、果ては人肉食の末、わずか十人しか助からなかった。事件はジェリコーのドラマティックな『メデュース号の筏』として結実し、ブルボン家への憎悪を深めた。

こうしたことがまた新たな事件の引き金になる。ルイ十八世には子がいないので、後継は末の弟アルトワ伯と決まっていた。そのアルトワ伯の世継ぎベリー公が、オペラ座を出たところで暗殺されたのだ。ブルボン断絶を狙う自由主義者の犯行だった。

きつくネジは締め直される。絶対王政復古路線は、一八二四年、十八世逝去の跡を受け、シャルル十世となったアルトワ伯によって、いっそう先鋭的になる。

第12章
ドラクロワ『民衆を導く自由の女神』

（一八三〇年、油彩、ルーヴル美術館、二六〇×三二五㎝）

「自由」が導くフランス

これはロマン主義を代表するドラクロワの傑作だが、西洋絵画にさして関心のない日本人が見れば、なぜ胸をはだけた女性が市街戦で指揮を執っているのか、奇妙に感じられるだろう。自宅近くで戦闘が始まり、矢も盾もたまらず裸足《はだし》で飛び出した女傑――そう早とちりしてしまうかもしれない。

実は彼女は人間ではない。人間の姿形をとった抽象概念なのだ。いかにも人間中心主義のヨーロッパらしく、人体によって抽象名詞を表現するわけだが、日本人にはなじみにくい思考なので、つい登場人物のひとりと見誤る。まして史実を題材にしたリアルな画面の中に、人間的感情を付与されたばかりか、腋毛《わきげ》まである擬人像が描きこまれているとなると、なおさらだ。

本作の正確なタイトルは、『民衆を導く〈自由〉』。

擬人像「自由」は従来、フリジア帽(先端の垂れた円錐形の帽子)をかぶった女性として描かれるのが決まりである。これはローマ時代、解放された奴隷が女神フェロニアの神殿でフリジア帽を与えられたところからきており、フランス革命では自由の形象として特別の意味を持ち、宮殿に押し寄せたパリ市民が、ルイ十六世に無理やりかぶせて嘲笑《あざわら》うという事件すら起きた。

ここに描かれた「自由」もフリジア帽をかぶり、硝煙たちこめる中、左手に銃剣を握って、逞しい右腕で高々と三色旗を掲げている。現代のフランス国旗となる、青・白・赤のトリコロール・カラーで、それぞれ「自由」「平等」「博愛」の意味を持つ。王政復古によってルイ十八世が使用禁止にした旗が、今また打ち振られているのだ。その旗のもと、王軍兵士たちの死体やバリケードの残骸を踏みこえて、「自由」は民衆に前進をうながす。

ライフル銃やピストルやサーベルで武装した人々が、さまざまな階級――パリ特有の浮浪少年から、労働者、学生、小ブルジョワまで――だということが、やはり帽子で示される。布の被り物、ベレー帽、三角帽、シルクハット――、後景には軍帽まで見え、軍の中からも民衆側へ寝返る者がおおぜいいた事実を物語る。

画面右端、バリケードの残骸に、画家は真っ赤な文字で「ドラクロワ、一八三〇年」と、誇らしく署名した。「七月革命」と呼ばれる、この自由を求める武力戦に、彼自身が加わったわけではない。しかし心情的には共に戦ったと言いたかったのであろう、画面中央の、極端につばを反り返らせたシルクハットの主が、自画像ではないかと推測されている。

推測といえば、ドラクロワは富裕な外交官の家に生まれたのだが、ほんとうの父は、ナポレオンを見捨てたあのタレーラン、との説が有力だ。となると、父はブルボンを復活させ、息子はブルボンにノーを唱えたことになる。

シャルル十世

復古する王権

一七八九年に起きた「フランス革命」も、暑い七月だった。あれから四十一年。変革を願った民衆は、愕然《がくぜん》として「今」を見る。激動と流血をくり返してなお、ブルボン王家が国の頭に乗っかっているという現実を。

もちろんブルボン側からは、世界は違って見えていた。王権は神に授かった神聖なものなのに、下層民どもが自由だの平等だの、何をほざくか。

病没したルイ十八世のあとを受け、弟のアルトワ伯がシャルル十世として即位したのは、一八二四年。かつてはアントワネットの良き遊び友達であり、いっしょに仮装舞踏会、橇《そり》すべり、賭けトランプなどに興じ、享楽の時代に青春を謳歌《おうか》した気楽な第三王子も、長い亡命生活の苦労と屈辱、世継ぎの息子の暗殺などで、頑《かたく》なな六十六歳になっていた。

彼は、次兄の十八世が自由主義者と妥協を重ねるのを苦々しく思ってきたし、国を絶対主義の昔にもどさねばならないと固く心に誓っていたので、ランス大聖堂での戴冠式や聖別式など、華やかな王朝儀式を復活させた。また亡命貴族の没収財産を補償するため十億フランも支出したり、財産分与を防ぐための長子相続法も回復させた。

制度ばかりではなく、懐かしい名前も帰ってくる。

マリー・テレーズ

シャルル十世のもうひとりの息子アングレーム公は、亡命中に従妹と（名ばかりとはいえ）結婚していたが、その女性こそアントワネットの娘マリー・テレーズなのだ。
両親をギロチン台で失い、次期王となるはずだった弟を独房で失い、自らも長く幽閉された後に人質交換で母の実家ハプスブルクへ送られたマリー・テレーズは、政略結婚で父の弟の息子アング

ポリニャック伯夫人（ルブラン画）

レーム公に嫁ぎ、数奇な運命の導きで、再び憎いフランスへもどって王太子妃の座についた。新興貴族を認めず、厳しく傲然《ごうぜん》たる態度を取り、「復讐のためもどった王女」と呼ばれた（少女期に苛《か》烈《れつ》な体験をした身とあらば、止むを得ないような気もするが……）。

　そしてポリニャック。この名前もまたアントワネットと強く結びついている。誰よりもアントワネットはポリニャック伯夫人を信頼し愛し、彼女の一族を高位高官に取り立て、年金や下賜金を雨アラレと降らせて、自らの不人気に拍車をかけたのだった。なのに夫人は革命が起こると真っ先に亡命し、王政復古後、今度はその息子が、またもブルボンに災いを為す。シャルル十世から首相に任命されたジュール・ポリニャックは、国民感情を逆撫でする反動政策を次々打ち出してゆくからだ。

三日間の七月革命

亡命貴族や聖職者への優遇にはじまり、国王への権力集中をめざす政治的逆行は、折りからの経済不況と相俟《あいま》って、民衆ばかりでなくブルジョワジーの不満をも招いた（反面、貴族たちが里帰りしたこの時期にはリボンや羽根飾りが再流行し、女性ファッションがエレガンスを取りもどしたことだけは間違いない）。

フランス軍によるアルジェリア侵攻

シャルル十世はポリニャックの助言のもと、歴代の王がやってきたのと同じ手段、即ち戦争によって国民の不満を拡散させようと図る。アルジェリア出兵だ（フランスによるアルジェリア支配はここから始まったのであり、ド・ゴール大統領がか独立を承認する一九六〇年代まで続いたのだから、かの国にとっては迷惑きわまりない話だったろう）。

だが結局この侵略戦争も人々を宥《なだ》めることはできず、選挙で反政府派が多数を占める事態となっ

七月革命

た。王は譲歩したか？　いや、逆だ。シャルル十世には思い込みがあった。長兄ルイ十六世は軟弱にも相手の要求を呑んでばかりいたがゆえに革命を招き、首を刎ねられた。その轍《てつ》は踏むまい。あくまで強腰を崩さず、王の権威を知らしめねばならない。

シャルル十世は緊急勅令を出し、まだ召集されてもいない下院を解散、反対派を減らすべく選挙法を改変、報道の自由を停止しようとした。完全な憲法無視である。

思い出してほしいのだが、ルイ十六世は『英国史』を研究し、チャールズ一世処刑の原因を強硬路線に見出《みいだ》して、それとは正反対の道を選んだ。奏功しなかったのは、時代も条件も違いすぎたからといえよう。そして今度は弟が兄の失敗を研究し、その反対をやればいいと結論したわけで、つまりはチャールズ一世路線に倣《なら》うようなもの。時代の変遷、人権思想の高まりを、全く考慮に入れていない。

パリ市民は、時代錯誤もはなはだしいこの勅令に激怒した。たちまち町角にバリケードが築かれ、自然発生的に集まってきた人々が気勢をあげ、ブルボンの紋章をあしらった百合の旗は引き下ろされ、三色旗が翻える。これが三日間にわたって続いた「七月革命」である。

あくまで強気の王は、ただちに軍を出動させた。発砲があり、剣の切り結びがあり、怒号、悲鳴、血の噴出があった。それでも市民の抵抗はやまず、兵士の補給が追いつかない。なぜなら兵士たちに戦意は乏しく、市民側についたり逃げたり、そもそもアルジェリア戦に多くが投入されていたため人数も少なかった（どうにも間の抜けた王である）。

人々はルーヴル宮へ押し寄せた。狼狽《ろうばい》したシャルル十世は、ポリニャックを罷免し、勅令も取り消すと発表したが、もはや手遅れだった。誰もがもう、老王自体を罷免するつもりだったのだから。後に「栄光の三日間」と呼ばれるようになるこの革命は、ブルボンの最後の息の根を止めたといえる。

ブルボン王朝が残したもの

戦闘の先行きが見えたころから、大ブルジョワジーたちによって、水面下で次の一手が決められていた。彼らが何より避けようとしたのは、かつての恐怖政治の再来である。革命のあとの混沌こそが怖い。こうして秘策が練られた。第二のロベスピエール、第二のナポレオンの登場を阻止するためには、王政は残したほうがいい、だが民主的王政でなければならない、シャルル十世のような、フランスに再び絶対君主制を、と夢みている王など論外だ。

では誰がいる？　ひとりだけいた。ブルボン支流のオルレアン公ルイ・フィリップ。ルイ十四世の弟から始まり、六代目に当たる。

こうしてルイ・フィリップ一世が誕生、シャルル十世は退位させられた。胴体に首がついているだけ、ましかもしれない。いや、もっと屈辱であったろうか。生かしておいても死に体だと、完全に見くびられたも同然なのだ。廃位された失意の王は、息子とその嫁マリー・テレーズ、そして取り巻きともどもイギリスへ亡命、六年後にイタリアで没した。兄弟ふたり、十五年足らずの、線香花火のごとき王政復古劇であった。

ブルボン家は――いや、正しくはコアなブルボン支持派は――なおも諦めない。王位継承権を放棄したはずのアングレーム公をルイ十九世と呼び、次いでその弟ベリー公の息子シャンボール公をアンリ五世と呼んで、見果てぬ夢に（よほどいい思いをしてきたのだろう）しがみつく。しかし無力な貴族たちが亡命先で何を騒ごうと、しょせん負け犬の遠吠えでしかない。ふたりが子を遺さず世を去ると、ここにブルボン直系は絶えた。

栄華を誇ったブルボン王朝だが、こうして見ると、終わるべくして終わったとの感が強い。ルイ太陽王の過去の威光があまりにまばゆく、プライドばかりが肥大して柔軟性を欠き、自滅の様相を呈しての終焉だ。とはいえ壮大なヴェルサイユと、世界に対するフランスの文化的優位は立派に残したのであった。

遅かった共和政の訪れ

その後のフランスについて、少しだけ触れよう。

ルイ・フィリップ一世もまた、十八年の在位で保守反動化してゆき、とうとう民心に見放され、「二月革命」で（フランスはひっきりなしに革命をしているのではないか。ここまでくると、「革命」という言葉の濫用《らんよう》とすら思える）追放され、完全に王政は終わる。やっとこさっとこ共和政が敷かれた。

ところが終わっていなかった。なぜなら次に出てきたのが、ルイ・ナポレオン、かのナポレオンの甥（弟の息子）だ。選挙で大統領になったはいいが、伯父と全く同じ野心を抱《いだ》き、クーデターを起こして、途中から皇帝ナポレオン三世になってしまう！

フランスからアメリカに贈られた自由の女神像

日本人にとって、このしつこいくり返しを理解するのは——抽象名詞を人間であらわす絵と同じくらい——難しい。フランスが完全に共和政を取りもどしたのは、ナポレオン三世を追い出した一八七〇年から（この時も危うく王政復古しかけている）。つまりまだつい一四〇年前にすぎない。

今度という今度こそ「自由」を我がものにしたい、との願いも込めてだろう、一八八六年、縁あるアメリカの独立百周年記念に、フランス人は募金を集めて『自由の女神像』をプレゼントした。それが今、ニューヨークのリバティ島（「自由島」の意）に立つ、かの有名な銅の女神であり、見てのとおり、ドラクロワの『民衆を導く〈自由〉』を髣髴《ほうふつ》とさせる。

主要参考文献

Allgemeine Deutsche Biographie (ADB[Bd.1~56]), Dunker & Humboldt/ Berlin, 1967

Der Treppenwitz der Weltgeschichte, William Lewis Hertslet, Haude & Spenersche Verlagsbuchhandlunng/ Berlin, 1882

What Great Paintings Say, Rose-Marie & Rainer Hagen, Taschen, 2003

Daily Life at Versailles in the Seventeenth and Eighteenth Centuries, Jacques Levron, Macmillan Pub. Co. , 1968

Die Kunst des 18. Jahrhunderts, Berlin, 1971

Letters in American Hisory, Jack Lang, Crown Publishers, 1982

Goya, Jutta Held, Rowohlt, 1980

『イメージ・シンボル事典』（A・ド・フリース／山下主一郎主幹、大修館書店、一九八四年）

『西洋美術解読事典』J・ホール／高階秀爾監修、河出書房新社、一九八八年）

『絵による服飾百科事典』（L・キバロバー、O・ヘルベノバー、M・ラマノバー／丹野郁・他訳、岩崎美術社、一九七一年）

『世界名画の謎〈作品編〉〈作家編〉』（R・カミング／冨田章・他訳、ゆまに書房、二〇〇〇年）

『フランス史〈上・下〉』（A・モロワ／平岡昇・他訳、新潮文庫、一九五六、五七年）
『フランス史〈新版〉』（井上幸治編、山川出版社、一九六八年）
『フランス文化史』（J・デュビィ、R・マンドル／前川貞次郎・他訳、人文選書、一九六九年）
『カトリーヌ・ド・メディシス』（O・ネーミ、H・ファースト／千種堅訳、中央公論社、一九八二年）
『ルイ十五世』（G・P・グーチ／林健太郎訳、中央公論社、一九九四年）
『十八世紀パリ生活誌〈上・下〉』（L・S・メルシエ／原宏訳、岩波文庫、一九八九年）
『疫病と世界史〈上・下〉』（W・H・マクニール／佐々木昭夫訳、中公文庫、二〇〇七年）
『歴史を変えた気候大変動』（B・フェイガン／東郷えりか・他訳、河出文庫、二〇〇九年）
『聖なる王権ブルボン家』（長谷川輝夫、講談社選書メチエ、二〇〇二年）
『フランス絵画史』（高階秀爾、講談社、一九九〇年）
『ヴェルサイユ宮殿の歴史』（C・コンスタン／伊藤俊治監修、創元社、二〇〇四年）
『ゴヤ〈1〜4〉』（堀田善衛、新潮社、一九七四〜七七年）
『マリー・アントワネット』（S・ツヴァイク／中野京子訳、角川文庫、二〇〇七年）
『名画で読み解く　ハプスブルク家12の物語』（中野京子、光文社新書、二〇〇八年）

あとがき

本書は、光文社新書『名画で読み解く　ハプスブルク家12の物語』の、いわば姉妹編です。ぜひ二冊ともお読みください。片方から見ていた風景が、逆の側からはどんなふうに見えるかを知ることで、歴史の複雑でダイナミックな動きを感じていただけるのではないかと思います。

ハプスブルクとブルボン――隣りあったこの両家は、長くいがみ合い、戦場で激突し、マリー・アントワネットという接着剤で短い蜜月をもちました。王も女帝も寵姫も権謀術数をめぐらし、喰うか喰われるかの闘いに血道をあげたのです。そんな過程で露《あら》わになるのは、現代の我々には想像を絶する彼らの思考や行動であり、反面、昔も今も変わらない愛憎の心です。そこにこそ人間の不思議さと面白味がある、と言っても過言ではありません。

新書という制約のため、いくつかこぼれたエピソードがあります。『ガブリエル・デストレとその妹』に関する謎、血族結婚くり返しで滅んだスペイン・ハプスブルクの悲劇、ダヴィッドが道端でスケッチしたアントワネットの断頭台行き、カストラートの大スターだったファリネッリの晩年、『メデュース号の筏』の背景などは、拙著『怖い絵』シリーズに詳しく書きましたので、いつかそちらも合わせて読んでくださると嬉しく思います。

はじめは小さな点にすぎなかった事件や人物の間に線がつながればつながるほど、前よりいっそう興味がわく……これは、対人関係の法則（「知れば知るほど好きになる」）と同じかも！

今回も光文社の山川江美さんが、実に頼もしく伴走してくださいました。この場を借りて深くお礼を申し上げます。

中野　京子

1823	フランス軍、スペインに侵攻、スペインは絶対主義王政に復古。以後、フランコ独裁政権などを経て、王室は存続。
1824	ルイ十八世死去。シャルル十世、六十七歳で即位。
1830	七月革命勃発。シャルル十世退位。ドラクロワ『民衆を導く自由の女神』(第12章)。
1848	二月革命。オルレアン公フィリップ、イギリスに亡命する。ナポレオンの甥ルイ・ナポレオン、大統領に。
1852	ルイ・ナポレオン、革命によって皇帝ナポレオン三世として即位。
1870	フランス、共和政へ復帰。今日まで共和政の国家となる。

１７６９	コルシカ島にて、ナポレオン誕生。イギリスでこのころより産業革命進行。
１７７０	マリー・アントワネット、フランス王太子（後のルイ十六世）と結婚。
１７７４	ルイ十五世死去、ルイ十六世即位。
１７７５	アメリカ独立戦争勃発。
１７７６	アメリカ独立宣言。フランクリン、フランスへ到着。
１７７７	グルーズ『フランクリン』（第８章）。サラトガの戦い。
１７８３	アメリカ独立戦争終結。
１７８８	カルロス三世死去。カルロス四世即位。
１７８９	フランス革命勃発。
１７９２	フランスの王政が廃止され、共和政が宣言される。スペインではゴドイが国政を掌握。
１７９３	ルイ十六世、マリー・アントワネット処刑。ルーヴル美術館開館。
１７９４	テルミドールの反動、ロベスピエール処刑。
１７９５	ルイ・シャルル（ルイ十七世）囚われの身のまま死去。
１７９６	ロベール『廃墟となったルーヴルのグランド・ギャラリー想像図』（第９章）。
１８００	ゴヤ『カルロス四世家族像』（～１８０１、第10章）。
１８０４	ナポレオン、フランス皇帝に即位。ジョセフィーヌへの戴冠式行わる。
１８０６	神聖ローマ帝国滅亡。
１８０７	ダヴィッド『ナポレオンの戴冠式』（第11章）。
１８０８	フランス軍がスペインに侵攻。王族は国外へ亡命。フェルナンド七世即位するも、四ヵ月後にナポレオンの兄ジョゼフがホセ一世として即位、王位を奪われる。
１８１３	フェルナンド七世に王位を返還。
１８１４	ナポレオン、フランス皇帝を退位。エルバ島へ流される。
１８１５	ナポレオン、パリへ戻るも、ワーテルローの戦いで王政復古。再びセント・ヘレナ島へ流される。
１８２０	スペインでクーデター。スペインで自由主義政府の発足。

１６３５	ヴァン・ダイク『狩り場のチャールズ一世』（第２章）。
１６３８	ルイ十四世誕生。
１６４２	マリー・ド・メディシス、ケルンで客死。
１６４３	ルイ十四世即位。母アンヌが摂政となり、マザランを宰相とする。
１６４８	フロンドの乱、鎮圧。三十年戦争終結。
１６４９	ピューリタン革命。チャールズ一世処刑、イギリスは共和国に。
１６５２	ベラスケス『マリア・テレサ』（～１６５３、第５章）。
１６５９	フランス、スペイン両国間でピレネー条約締結。
１６６０	マリア・テレサ、ルイ十四世と結婚。チャールズ二世が即位し、イギリスは王政復古となる。
１６６１	マザラン死去。
１６６８	ヴェルサイユ宮殿築城開始。
１６８２	ルイ十四世、宮廷をヴェルサイユに移す。
１６８５	ルイ十四世、ナントの王令を廃止。
１７００	カルロス二世没。スペイン・ハプスブルク家断絶。フェリペ五世、即位（スペイン・ブルボン家の開始）。
１７０１	リゴー『ルイ十四世』（第４章）。
１７１３	スペイン継承戦争を経て、フェリペ五世の王位承認される。
１７１５	ルイ十四世死去。曾孫のルイ十五世即位。
１７２０	ヴァトー『ジェルサンの看板』（第６章）。
１７４０	プロイセンでフリードリヒ大王、オーストリアでマリア・テレジア女帝即位。オーストリア継承戦争はじまる。
１７４５	ポンパドゥール、ルイ十五世の公式寵姫に。
１７５０	フランクリン、避雷針を発明。
１７５５	カンタン・ド・ラ・トゥール『ポンパドゥール』（第７章）。
１７５６	七年戦争始まる。「三枚のペチコート作戦」。
１７６２	ロシアでエリザヴェータ女帝死去。夫の暗殺によりエカテリーナ女帝即位。
１７６４	ポンパドゥール、死去。
１７６５	マリア・ルイサ、スペインのカルロス四世に嫁す。

【年表（本書に関連した事項のみ）】

１５３３	カトリーヌ・ド・メディシス、アンリ二世と結婚。
１５４７	アンリ二世即位。
１５５６	スペインでフェリペ二世即位。
１５５８	イギリスでエリザベス一世即位。
１５５９	アンリ二世、馬上槍試合で死去。フランソワ二世即位。
１５６０	フランソワ二世没、シャルル九世即位。カトリーヌが摂政に。メアリー・スチュアート、スコットランドへ帰国。
１５６２	ユグノー戦争勃発。
１５７２	聖バルテルミーの虐殺。
１５７４	シャルル九世没。アンリ三世即位。「三アンリの戦い」はじまる。
１５８８	イギリス海軍、スペイン無敵艦隊を破る（アルマダの海戦）。
１５８９	アンリ三世暗殺、ヴァロワ王朝が滅びる。アンリ四世がフランス王位宣言。
１５９３	アンリ四世、カトリックに改宗。
１５９８	アンリ四世、ナントの王令を発し、三十年以上続いたユグノー戦争が終結。
１５９９	アンリ四世、マルグリットと離婚。
１６００	マリー・ド・メディシス、アンリ四世に嫁す。最古のオペラ『エウリディーチェ』初演。
１６１０	マリーの戴冠式挙行。翌日、アンリ四世暗殺。ルイ十三世即位し、マリーが摂政となる。
１６１５	アンヌ・ドートリッシュ、ルイ十三世と結婚。
１６１７	元帥コンチーニ暗殺、マリー、ブロワ城へ幽閉。
１６１８	キリスト教新旧両派の争いから、三十年戦争勃発。
１６２１	スペインでフェリペ四世即位。
１６２２	ルーベンス、『マリーのマルセイユ上陸』（～１６２５、第１章）、『アンヌ・ドートリッシュ』（第３章）。
１６２４	リシュリュー、宰相に就任。
１６２５	イギリスでチャールズ一世即位。ヘンリエッタ・マリア嫁す。

【画家プロフィール（生年順）】

ピーテル・パウル・ルーベンス（1577～1640）バロック最大の画家といわれ、その壮大なる画風は後世に圧倒的影響を与えた。作品点数は2,000点を超える。『キリスト昇架』『パリスの審判』

アントニー・ヴァン・ダイク（1599～1641）フランドル出身だがイギリス宮廷画家となり、肖像画に傑作を多く残した。『狩り場のチャールズ一世』『自画像』

ディエゴ・ベラスケス（1599～1660）スペインの画家。比類ない性格描写と印象派の先駆と言われる技法で、「画家の中の画家」と讃えられる。『ラス・メニーナス』『教皇インノケンティウス十世』

イアサント・リゴー（1659～1743）ルイ十四世時代のフランスで、もっとも重要な宮廷肖像画家。『ルイ十四世』『ルイ十五世』

アントワーヌ・ヴァトー（1684～1721）フランス・ロココならではの繊細、優美、官能の画家として知られる。『シテール島への船出』『ピエロ（ジル）』

カンタン・ド・ラ・トゥール（1704～1788）パステル画技法の完成者。多くの宮廷人の肖像を残す。『ポンパドゥール』『ダランベール』

ジャン・バティスト・グルーズ（1725～1805）芸術家はモラルを鼓舞すべしとして、風俗的教訓画を描き、人気を博した。『村の花嫁』『こわれた甕』

ユベール・ロベール（1733～1808）古代趣味の風景画家として、「廃墟のロベール」とあだ名された。『廃墟となったルーヴルのグランドギャラリー想像図』

フランシスコ・デ・ゴヤ（1746～1828）スペインを代表する画家。油絵500点の他、エッチングなど300点と多産だった。『一八〇八年五月三日』『黒い絵シリーズ』

ジャック・ルイ・ダヴィッド（1748～1825）十九世紀新古典派の代表。ナポレオンの宮廷画家として、画壇に君臨。『ナポレオンの戴冠式』『レカミエ夫人』

ウジェーヌ・ドラクロワ（1798～1863）フランス・ロマン主義運動の牽引者。日記や評論でも有名。『サルダナパールの死』『民衆を導く自由の女神』

○ 画像クレジット
p.15：Photos.com/ Jupiterimages/ Thinkstock/ Ⓒ Getty Images
p.20、p.42、p.69：Lessing/ PPS
p.22、p.43、p.53、p.59、p.71、p.75、p.91、p.120左、p.142-143、p.145
：The Art Gallery Collection/ Alamy
p.23：Lebrecht Music and Arts Photo Library/ Alamy
p.32、p.68、p.184：iStockphoto/ Thinkstock
p.37：Hilary Morgan/ Alamy
p.40：INTERFOTO/ Alamy
p.50、p.79、p.138、p.140右、p.154、p.177
：Photos.com/ Thinkstock/ Ⓒ Getty Images
p.82：World History Archive/ Alamy
p.109中、p.162、p.186：The Art Archive/ Alamy
p.109下：Comstock/ Thinkstock
p.129：American Philosophical Society
p.165右：AKG/ PPS
p.195：The Print Collector/ Heritage Images

○ p.12-13　家系図制作
デザイン・プレイス・デマンド

中野京子（なかのきょうこ）
作家・ドイツ文学者。北海道生まれ。『名画で読み解く ハプスブルク家 12の物語』『同 ロマノフ家 12の物語』『同 イギリス王家 12の物語』『同 プロイセン王家 12の物語』（すべて光文社新書）、『怖い絵』シリーズ（角川文庫）、『名画の謎』シリーズ（文藝春秋）など著書多数。日本経済新聞をはじめ、新聞・雑誌に多数の連載を抱える。「怖い絵」展では特別監修を務め、大人気を博す。著者ブログは「花つむひとの部屋」https://blog.goo.ne.jp/hanatumi2006

名画《めいが》で読《よ》み解《と》く　ブルボン王朝《おうちょう》 12の物語《ものがたり》

2010年５月20日初版１刷発行
2021年10月20日　　15刷発行

著　者 ― 中野京子
発行者 ― 田邉浩司
装　幀 ― アラン・チャン
印刷所 ― 萩原印刷
製本所 ― ナショナル製本
発行所 ― 株式会社光文社
東京都文京区音羽1-16-6（〒112-8011）
https://www.kobunsha.com/
電　話 ― 編集部03（5395）8289　書籍販売部03（5395）8116
業務部03（5395）8125
メール ― sinsyo@kobunsha.com

落丁本・乱丁本は業務部へご連絡くだされば、お取替えいたします。
 ISBN 978-4-334-03566-2

光文社新書

174
京都名庭を歩く
宮元健次
日本一の観光地・京都でとりわけ見所の多い珠玉の庭園群。最新の研究成果を盛り込みながら、世界遺産を含む27名庭を新たな庭園観で描く。庭園リスト・詳細データ付き。

220
京都　格別な寺
宮元健次
世界有数の文化財の宝庫・京都。四季折々のさまざまな表情を見せる千年の都で、時を超え、やすらぎを与える、至高の寺院たちの歴史ドラマを歩く。

224
仏像は語る
何のために作られたのか
宮元健次
仏像には、「煩悩」を抱えた人間の壮絶なドラマが込められている。迷い、悩み、苦しみ、弱み、祈り……。共に泣き、共に呻く「魂の叫び」に耳をすます。

251
神社の系譜
なぜそこにあるのか
宮元健次
「八百万の神」と言い表されるように、日本には多様な神が祀られている。神社とは何だろうか。伊勢から出雲、靖国まで、「自然暦」という新視点から神々の系譜について考える。

276
極みの京都
柏井壽
京都人はアメリカが嫌い!?　京都の「ぶぶ漬け神話」は真っ赤なウソ!?——ガイドブックにも京都検定にも絶対出てこない本当の京都の姿を、食・観光・京都人の心に焦点を当てて描く。

405
京都の空間意匠
12のキーワードで体感する
清水泰博
京都で生まれ育ち、環境との調和を探る建築家が、「見立てる」「巡る」「組む」「間をとる」「光と闇」など、12のキーワードから古都の魅力を新たに探る。五感で愉しむ散策ガイド。

423
おひとり京都の愉しみ
柏井壽
京の路地裏、隠れた名刹、お手頃ランチ、ひとりで行ける割烹に、手軽な宿。ひとり旅だからこそ楽しめる、そんなスポットを紹介。京都通になれる市内詳細地図、店舗リスト付き。

040
「極み」のホテル
至福の時間に浸る
富田昭次
「超高層」「リゾート」「バー」「寛ぎ」など、キーワード別の国内の贅沢、113軒リスト付き。ホテルジャーナリストの第一人者が厳選する「ベスト・オブ・ベスト」のホテル。

095
「極み」の日本旅館
いま、どこに泊まるべきか
柏井壽
部屋で選ぶか、はたまた食事か温泉か……。日本全国の旅館を泊まり歩いてきた著者だけが知っている、心の底から寛げる宿とは？　厳選38軒をデータ付きで公開。

146
東京のホテル
富田昭次
高級外資系ホテルの進出で一気に注目度を増す東京のホテル。「ホテルでどう暮らすか」から「住まうホテル」まで、豊富な取材からホテルでの全く新しい時と場所の使い方を知る。

260
なぜかいい町　一泊旅行
池内紀
見知らぬ町の朝は、いいものだ——。ひとり旅の名手である池内紀が、独自の嗅覚で訪ね歩いた、日本各地の誇り高き、十六の小さな町の記憶。

373
ひとつとなりの山
池内紀
人気の山の「ひとつとなり」に佇む、静かな山々の味わい。標高がなくてもいい。頂上ばかりを目指さない——。山好きで知られる著者が、のんびりと出かけた、ひとり登山の20の山の記憶。

392
おひとりホテルの愉しみ
富田昭次
スパ、温泉、バー、食事、絶景、読書、快眠から何もしない贅沢まで。一人でホテル!?——そんな人でも必ずハマる、進化したホテルの楽しみ方。新しいライフスタイルを提案する。

438
神社霊場　ルーツをめぐる
武澤秀一
古代日本人の信仰の対象は、豪華絢爛な社殿や伽藍ではなく、山、川、巨樹、奇岩など自然界の森羅万象だった。本書は、日本人の信仰心の原点をもとめ、神社霊場をめぐる旅に誘う。

光文社新書

234
20世紀絵画
モダニズム美術史を問い直す
宮下誠
20世紀に描かれた絵画は、それ以前の絵画が思いもしなかった無数の認識をその背景に持っている。「具象／抽象」「わかる／わからない」の二元論に別れを告げる新しい美術史。

287
食べる西洋美術史
「最後の晩餐」から読む
宮下規久朗
孤独だったウォーホルは、なぜ遺作に《最後の晩餐》を選んだのか――。キリスト教に裏打ちされた食事の美術を概観し、その意味を考え、西洋美術史を別の角度から照らし出す。

366
名画で読み解く
ハプスブルク家　12の物語
中野京子
欧州最大の王室、ハプスブルク家。歴史の波に翻弄されながら、運命と闘い精一杯に生き抜いた王や王妃のドラマを、名画に寄り添いながら読み解く。絵画全点、カラーで収録。

375
日本の国宝、最初はこんな色だった
小林泰三
実はカラフルな大仏殿、ロウソクの下で蠢く地獄絵。学術的な根拠にもとづいて、作品誕生当初の色彩を復元すると、作者の気持ちや時代の空気が見える。美術観と時代認識を一新。

380
カラヤンがクラシックを殺した
宮下誠
20世紀を代表する指揮者、カラヤンによって音楽鑑賞は大きく変化した。その功罪と、クレンペラーとケーゲルの絶望的な「危険な音楽」を通して、音楽・芸術・人間存在を考える。

384
恋する西洋美術史
池上英洋
恋愛――それは人類の長い歴史を通じて、私たちの人生にとって常に重要なものであり続けた。人類最大のメディアだった絵画表現のウラを読む、新しい角度からの西洋美術史。

458
ウォーホルの芸術
20世紀を映した鏡
宮下規久朗
20世紀を代表する美術家であった「孤独なトリックスター」の実像とは――。日本国内での大回顧展にも関わった美術史家による、ウォーホル芸術の意味と本質に迫る画期的論考。